입사 1년 차
직장 사용설명서

북오션은 책에 관한 아이디어와 원고를 설레는 마음으로 기다리고 있습니다. 책으로 만들고 싶은 아이디어가 있으신 분은 이메일(bookrose@naver.com)로 간단한 개요와 취지, 연락처 등을 보내주세요. 머뭇거리지 말고 문을 두드리세요. 길이 열릴 것입니다.

입사 1년 차 직장 사용설명서

초판 1쇄 인쇄 | 2015년 1월 10일
초판 1쇄 발행 | 2015년 1월 15일

지은이 | 조영환
펴낸이 | 박영욱
펴낸곳 | 북오션

경영총괄 | 정희숙
편집 | 지태진
마케팅 | 최석진 · 김태훈
표지 디자인 | 서정희
본문 디자인 | 조진일

주 소 | 서울시 마포구 서교동 468-2번지
이메일 | bookrose@naver.com
트위터 | @Book_ocean
페이스북 | bookocean
전 화 | 편집문의 : 02-325-5352   영업문의 : 02-322-6709
팩 스 | 02-3143-3964

출판신고번호 | 제313-2007-000197호

ISBN 978-89-6799-074-9 (13320)

* 이 도서의 국립중앙도서관 출판예정도서목록(CIP)은 서지정보유통지원시스템 홈페이지 (http://seoji.nl.go.kr)와 국가자료공동목록시스템(http://www.nl.go.kr/kolisnet)에서 이용하실 수 있습니다. (CIP제어번호 : CIP2014036132)

* 이 책은 북오션이 저작권자와의 계약에 따라 발행한 것이므로 이 책의 내용의 일부 또는 전부를 이용하려면 반드시 북오션의 서면 동의를 받아야 합니다.
* 책값은 뒤표지에 있습니다.
* 잘못 만들어진 책은 구입하신 서점에서 교환해 드립니다.

입사 1년 차
직장 사용설명서

조영환 지음

북오션

들어가며

"될성부른 나무는 떡잎 보면 안다"는 속담이 있다. 씨앗을 심고 그 떡잎이 올라오는 것을 보면 이게 제대로 커서 실한 나무가 될지 아닐지를 미리 알 수 있다는 이야기다. 식물들의 성장 이치가 그러하듯이 조직에 들어온 사람도 입사 초기의 언행과 자세를 보면 그 미래를 짐작해볼 수 있다. 그만큼 크게 될 사람은 일찍부터 그 시작이 범상치 않다는 것이고 '시작이 좋아야 끝이 좋다'는 뜻도 된다.

매사가 그렇지만 직장 생활도 시작이 아주 중요하다. 조직 생활을 잘할 수 있는 좋은 습관도 길러야 하고 일에 임하는 자세도 정립해야 하며 많은 사람들 및 조직과의 관계 설정도 중요하다. 학창 시절에는 친구들과 친하게 지내고 수업에 빠지지 않으며 학과 성적이 좋으면 주위에서 인정받지만, 많은 사람들과 힘을 합쳐 매출과 이익(돈)을 만들어내야 하는 직장 생활에서는 만만치 않은 일들이 한둘이 아니다.

특히 요즘은 취업 준비 기간도 길고 너나없이 한두 번의 해외연수를 거쳐 취업을 늦게 하기 때문에 과거 선배들보다 20대 중후반의 젊은 신입 사원 시절이 짧다. 20~30년 전 선배들은 군에 갔다가 복학하여 대학을 졸업하더라도 27세 전후였지만 요즘은 재수나 해외연수 등의 사유로 평균 29세가 넘는 경우가 비일비재하다. 그러니 직장에 들어와 얼마 지나지 않아 30대를 맞이하게 된다.

30대 중반만 되어도 사회에서는 중견으로 취급하기 때문에 입사하여 한두 해 어정거리면 직장 생활 동안 자신을 지탱할 조직 생활의 기본 시스템이나 방식을 제대로 익히기가 용이치 않다. 그렇게 어영부영하다가 설사 늦게 직장 생활에 도가 튼다 하더라도 이미 경쟁자들은 저만치 앞서 가버려 다시 따라잡기에는 너무 늦었거나, 주위의 평판이 이미 굳어져 상황을 바꾸기란 거의 불가능하다. 따라서 짧아진 20대 신입 사원 시절, 특히 1년 차에 직장 생활에 필요한 많은 것을 습관화, 시스템화하고 바로잡아놓아야 조직에 적응하고 원하는 꿈을 펼쳐갈 수 있다.

아울러 요즘은 정규직이 많지 않다. 따라서 신입 사원을 가르쳐 줄 선배들도 과거에 비하여 턱없이 부족하다. 또한 성과주의/능력주의 인사제도가 틀을 잡아서 선후배라도 서로 경쟁 상대가 되어버렸다. 그래서 선배들이 후배 양성에 과거처럼 열정을 쏟지 않는다. 주위에서 도와주지 않으니 신입 사원 스스로 번듯한 직장인으로 자리를 잡아가기 위해 더욱더 많은 노력을 기울여야 하는 것이다.

물론 요즘은 과거 선배들이 취업할 때보다는 전반적으로 경제 수준이 높아져서 직장 생활을 대강대강 해도 어느 정도는 먹고살 만하다고 생각하여 승진보다는 오랫동안 편안하게 직장 생활을 영위하는 것을 더 중시하는 경향도 없진 않지만, 그래도 한 번 사는 인생을 주도적으로 내 뜻대로 살아가려면 적극적으로 생각하고 구체적인 계획을 수립하여 하나하나 몸에 익혀가는 습관이 꼭 필요하다.

'대기만성'이라는 말도 있듯이 늦게 꽃을 피우는 인재도 없지는 않지만 대체로 직장 생활을 시작하는 모습을 보면 그 사람의 미래를 가늠해볼 수 있다. 20년 넘게 기업의 인사부서에서 일하면서 인재들이 입사하고 성장하여 부서장, 임원으로 발탁되는 모습을 보아온 필자는 놀랍게도 입사 후 1년간의 직장 생활을 보면 그 미래를 짐작해볼 수 있다는 사실을 발견했다. 물론 조직 생활을 잘해 나가려면 운도 따라야 하고 실력 이외에 다양한 변수가 작용하기도 하지만 대개는 짐작한 대로 성장하거나 아니면 우려대로 중도에 도태되는 모습을 보아왔다. 그러면서 이러한 결과는 대부분 '신입 사원 1년을 어떻게 생각하고 행동하며 보내는가?'에 따라 결정된다는 것을 깨달았다.

필자는 26년간 인사/조직 관리 부서에 몸담으면서 선배, 동료, 후배들의 성장 사례를 보고 모으며 정리하다 보니 그분들의 장점(임원으로 발탁될 수밖에 없는 성향)이 대부분 신입 사원 시절에 형성된 특성에서 연유한다는 놀라운 사실을 발견할 수 있었다.

필자가 이 책을 쓴 이유는 바로 이 때문이다. 입사 1년 차가 갖춰야 할 자세나 태도, 생활방식, 일에 임하는 자세나 조직 생활에 중요한 요소들을 사전에 알려줘서 시행착오를 줄이고 기업의 꽃인 임원으로 성장할 수 있도록 도와주기 위해 이 책을 썼다.

물론 사람에 따라서는 임원이 되기보다는 스트레스 덜 받고 편안하고 안락한 직장 생활을 하고 싶은 이들도 있을 것이다. 그래도 기업에 들어왔으면 직무 능력과 전문성, 조직 관리 능력을 인정받아 경영자 그룹의 일원인 임원으로 성장하기를 꿈꿀 것이라는 가정하에서 어떤 계획을 어떻게 준비해야 하는지를 선배로서 조언하고 싶은 충동을 억제하지 못해 책으로 내기로 했다.

다만 이 책에서는 '대학이나 고등학교를 졸업하고 처음으로 사회에 나와 공개채용 절차를 거쳐 기업에 정규 입사한 신입 사원'을 주 대상으로 한다. 대리/과장급 이상의 경력사원이나 전문적인 자격증이나 능력이 있어 스카우트된 사람 또는 아버지나 친척이 사주여서 특별히 채용된 사람은 일단 논의에서 제외한다. 학업을 마치고 처음 회사에 취업한, 자신을 키워줄 인맥도 없고 특별한 전문 자격도 없이 조직에 들어온 보통의 신입 사원이라 하더라도 이 책을 읽고 자신의 장점은 더 강화하고 부족한 점은 보완하려는 노력을 한다면 다른 이들보다 더 일찍 입지를 다질 수 있을 것이다.

흔히 장점이 많은 사람이 임원으로 성장하리라고 생각하지만 사실 단점이 적은 사람이 임원으로 성장할 확률이 더 높다. 필자는 작은 단점이나 문제 때문에 중도에 탈락하는 사례를 수없이 많이 보아왔다. 따라서 이 책에서는 장점을 키우고 육성하는 방법은 물론 자신의 문제점이나 단점을 어떻게 보완할 것인지에도 주안점을 두고 기술할 것이다.

이 책을 쓰기 위해 필자는 대기업 CEO를 비롯한 전현직 임원 50여 명과 면담을 했다. 그들이 인생과 직장에서 성공한 비결을 물었고 후배들에게 전해주고픈 교훈이나 신입 사원들에게 강조하는 말이나 글을 듣고 핵심 내용을 요약했다. 대개는 필자의 생각과 대동소이한 내용이었지만 조금 다른 방향을 제시하는 이들도 있었다. 그러한 차이는 아마도 본인의 성장 환경과 가치관, 몸담았던 기업의 특성과 문화, 업종과 직무의 특성에서 연유한 바가 클 것으로 생각한다.

따라서 이 책에 실린 내용은 크게 보면 기업에서 나름대로 성공한 선배들이 후배들에게 꼭 당부하고픈 이야기나 해주고 싶은 말을 정리한 것이라 할 수 있다. 아울러 이 책의 뼈대나 주요 내용은 필자가 인사부장/임원으로 삼성에 근무할 당시 삼성그룹에 입사하는 신입 사원들에게 그룹 입문 교육과정 중 '신입 사원에게 바란다'라는 주제로 장기간에 걸쳐서 강의한 내용을 위주로 구성했음을 밝혀둔다.

본론에 해당하는 2장에서는 입사 1년 차를 위한 직장 생활 요령을 제시하는데, 본인의 특성이나 가치관과 맞고 잘할 수 있는 항목들을 한두 가지라도 유념하여 업무나 조직 생활에 반영해나가고 실천한다면 다른 사람들보다 일찍 성공에 가까워지리라고 확신한다.

  아무쪼록 이 책이 직장에 새로이 진입하는 후배들에게 선배들이 소주 한잔하면서 들려주고 싶은 직장 생활의 작은 길잡이가 되기를 소망한다.

목차

들어가며

1장 | 입사 후 1년, 임원의 싹이 튼다

01 입사 후 1년간이 직장 생활의 미래를 결정한다 • 17
02 채용 시에 점검하는 기본 자질 • 25
03 입사 1년 안에 갖추어야 할 자질과 소양 • 32

2장 | 입사 1년 차 직장 생활 요령

목표 설정

01 원대하고 높은 꿈과 비전을 설정하라 • 45
02 구체적인 도전 목표와 실천 계획을 수립하라 • 50
03 CEO나 임원들을 유심히 관찰하고 벤치마킹해라 • 58
04 최초 3년간은 초기 투자 기간이라고 생각하라 • 62
05 누구에게나 무조건 배운다는 자세로 1년을 지내라 • 72
06 내가 하는 일을 좋아해야 성공한다 • 78
07 성과는 자신이 투자한 시간과 열정에 비례한다 • 84

자기관리

01 지금까지의 수동적인 생활에서 벗어나
   주도적인 성향으로 재빨리 변신하라 • 91
02 새벽형(아침형) 인간이 되어라 • 95
03 10분은 없는 시간이라 생각하고 먼저 준비하라 • 99
04 어느 정도의 스트레스는 당연하게 받아들이고 즐겨라 • 101
05 건강을 증진할 자기만의 비법을 개발하고 습관화하라 • 107
06 업무와 직접 관련이 없는
   자기계발은 한두 해 늦게 시작하라 • 113
07 손에서 책을 놓지 마라 • 115
08 하나 이상의 신문을 매일 읽어라 • 124
09 하루의 일상생활을 시스템화하라 • 127
10 주말과 휴일도 목표와 계획을 세워 의미 있게 보내라 • 137

인간관계

01 신입 사원다운 활력과 패기를 가지고
   주위에 역동성을 펼쳐라 • 143
02 직원을 이성으로 보지 마라 • 149
03 술은 마시되 통제할 줄 아는 사람이 되어라 • 154

04 인사부서, 교육부서 선배들을 잘 사귀어놓아라 · 160
05 환경미화, 영선, 보안, IT 쪽 직원들과도 교류하라 · 165
06 상사를 감동시켜라 · 168
07 상사나 동료에게서 장점을 발견하도록 노력하라 · 173
08 상사에게 물어보는 것을 망설이지 마라 · 177
09 조직이나 상사에 대한 불평불만을 입 밖에 내지 마라 · 181
10 남의 말을 함부로 하거나 옮기지 마라 · 185
11 좋은 인상을 심어줄 수 있도록 노력하라 · 188

실무 요령

01 업무에서 개선해야 할 사항을 빠짐없이 메모하라 · 195
02 1개월 안에 회사 조직과 업무의 기본 구조를 파악하라 · 200
03 3개월 안에 부서와 자신의 업무의 핵심을 소상히 파악하라 · 210
04 하루하루의 업무와 생활은
   그날 정리하고 매듭짓는 습관을 들여라 · 215
05 중요한 일과 상사들의 지시는
   바로바로 메모하는 습관을 들여라 · 220
06 상사의 업무 지시 사항은 반드시 중간에 점검/보고하라 · 223
07 일주일에 하나 이상 업무 개선 아이디어를 생각하라 · 227
08 항상 실수에 대비해 대책을 준비하라 · 230

조직 생활

01 사적인 일과 조직의 목표가 충돌하면
   조직을 우선으로 생각하라 · 235

02 퇴근 후에도 항상 일과 조직을 생각하라 · 240

03 당분간은 가정보다 조직을 더 중시하라 · 247

04 직장에 뼈를 묻겠다는 각오로 임하라 · 251

05 조직 생활을 배울 좋은 멘토를 만들어라 · 266

06 회사의 공식 행사에는 무조건 빠지지 마라 · 269

글을 마치며

1장
입사 후 1년, 임원의 싹이 튼다

입사 초기 1년 동안에 그 사람됨이 드러나고 평판이 서서히 형성된다.
아울러 이 시기에 해당 인재가 조직에 잘 적응할지,
관리자로 임원으로 성장할 수 있을지가 판가름 난다.

01

입사 후 1년간이 직장 생활의 미래를 결정한다

　남자들의 경우 군대를 제대하고 기업에 입사하는 시점은 대개 만으로 27세 전후다. 이후 55세까지 별일 없이 직장 생활을 한다고 가정하면 평균 27년 전후를 조직에 몸담게 된다. 물론 55세라는 것은 정년을 염두에 두고 설정한 것이지만 입사가 늦어지고 있는 것이 요즘의 추세이고 또한 명퇴나 권고사직 등도 많아져서 실제로는 그보다 이른 나이에 회사를 떠나는 이들이 많다.

　대체로 임원 선임은 이르면 입사 15년 차에서 늦어도 25년 전에는 결정된다. 평균적으로는 20년 전후이며 나이로는 45세에서 50세 전후다. 결국 직원으로 근무하는 기간은 대략 20년 전후인 셈인데, 이 20년 동안 조직 적합성과 성장 가능성을 확인받는 분기점이 세 번 정도 찾아온다.

첫 번째가 바로 이 책자의 주제인 '입사 1년 차'다. 이 시기에 조직 생활에 임하는 자세나 열정, 가치관, 생활 태도 등의 개인적인 특성들이 거의 다 드러난다. 회사 입장에서는 면접이나 채용 심사 과정에서 검증한 능력이나 자질이 실제로 어떻게 나타나고 조직이나 일에 긍정적으로 작용하는지를 지켜보는 시간이라 할 수 있다.

다만 아직 관리자나 임원에게 필요한 자질은 요구되지 않기에 일에 대한 열정과 개인적인 생활 태도, 가치관, 조직 지향성이 중요한 판단 요소가 된다. 이는 입사 초기 1년에 그 사람됨이 드러나고 이후 그 사람에 대한 평판이 서서히 형성된다는 것을 의미한다. 아울러 이 시기에 해당 인재가 조직에 잘 적응할 것인지와 차기 관리자로 성장이 가능한지 여부가 판가름 난다는 것을 의미한다.

필자가 신입 사원 1년 차를 위해 이 책을 쓴 이유도 이 과정을 무리 없이 통과해야 관리자나 임원으로 성장할 수 있기 때문이다. 설사 훌륭한 자질을 갖추고 있다 하더라도 입사 1년 차에 좋은 인상을 심어주지 못하면 회복하는 데 엄청난 노력과 시간이 소요된다. 한번 잘못 비치면 영원히 회복이 불가능한 경우도 생긴다. 그래서 관리자나 임원이 되면 발휘할 수 있는 우수한 능력을 갖추고 있다고 하더라도 이 신입 사원 시절의 관문을 무사히 통과해야 차후에 그 능력을 발휘해볼 기회가 주어진다.

두 번째 분기점은 관리자(통상 과장 또는 간부로 불린다)가 되는 시점이다. 평균적으로 기업에서는 대졸 기준으로 입사 7~10년 차 전후에 이러한 시기가 도래한다. 자신이 맡은 업무를 처리하기만 하면 되던 사원 시절과는 달리, 관리자가 되면 조직(팀원)을 거느리면서 업무를 총괄해야 한다. 요즘은 직급으로서만 '과장'이라는 호칭으로 지칭되기도 하지만 보통은 5~10명 전후의 조직을 이끌며 주어진 역할을 수행해나간다. 따라서 공동의 목표 달성을 위해 구성원을 잘 통제하고 긍정적으로 동기부여하며 그들의 조직력을 끌어낼 줄 아는 능력이 더 중요해진다.

실제 조직 생활에서는 개인의 직무 능력은 아주 우수한데 조직 관리자로는 부적격인 사람도 적지 않고 스스로 조직 관리를 힘들어하는 이들도 많다. 이런 관리자는 자신이 맡은 조직 내의 작은 갈등도 해결하지 못하고 조직 내 의사소통도 부족하며 결과적으로 성과도 떨어지게 마련이다. 따라서 회사 입장에서는 장기적으로 큰 조직을 맡겨도 될지, 성장이 가능한 자원인지, 잘 키워야 하는 인재인지를 판가름할 수 있는 좋은 기회가 된다.

이 시기에는 인간관계 능력, 리더십, 대외적인 섭외 능력이 중요한 변수가 된다. 대개 이 시기의 대외적인 능력이란 업무상 필요한 경우를 제외하고는 회사 외부와의 관계를 관리하는 능력이라기보다는 회사 내 다른 부서나 조직과의 관계를 관리하는 능력을 의미한다. 따라서 이 시점의 1년을 보면 향후 부서장으로 성장이 가능한지 여부를 가늠해볼 수 있다.

세 번째 분기점은 부서장으로 승진할 시점이다. 대졸 신입 사원 입사 기준으로 본다면 12~18년 차에 닥치게 된다. 부서장 승진이

20년 전후로 늦어지는 경우도 있으나 그런 경우에는 나이가 이미 50세에 육박하여 이후 임원으로 승진이 거의 불가능해지므로 여기서는 15년 차 전후로 한정해서 생각해보자.

보통 부서라는 개념은 직업의 분류와 상관관계가 있다. "무슨 일을 하느냐?"라는 질문에 "○○회사에서 △△ 일을 합니다"라고 답할 때, '△△ 일'이 여기에 해당한다. 관리자(과장)와 다른 점은 관리자는 세분화된 직무의 책임자를 맡는 반면 부서장은 직종^{Job}을 책임진다는 점이다. 예를 들면 인사 업무는 인사부라는 부 단위 조직이 맡고 그 내부에는 채용관리/급여 후생 관리/인사관리/노사관리 등의 세부 직무가 있다. 과장들은 보통 이 세부 직무의 책임을 맡게 된다.

따라서 부서장은 관리자 중에서 선발되어 한 가지 기능의 장으로 일하는 경우가 많다. 대체로 직급으로는 차/부장급이다. 전문적인 능력이 있어야 함은 물론이고 그 직능의 정책을 결정하고 미래의 목표와 방향을 설정할 수 있어야 하며 일상적인 조직 관리를 넘어서 그 기능과 부서원의 발전을 위해 균형적인 섭외 능력도 요구된다. 아울러 관련 부서와 원활하고도 효율적인 협조 관계를 형성할 수 있어야 하고 대외 업무를 추진할 때는 회사를 대표할 만한 전문성도 확보해야 한다.

부서장이 인력과 예산을 확보하는 수완이 뛰어나면 구성원들이 따르고 존경하지만, 그 반대의 경우에는 늘 위축되거나 불만들이 나온다. 아울러 경쟁 관계에 있는 타 부서와 균형적인 관계 설정으로 과하지도 모자라지도 않는 섭외력을 발휘해야 한다. 관련 부서와 협의한 결과가 상대적으로 불리하게 느껴지면 구성원들이 부서장을 원망하게 되고, 무리한 협의를 하면 회사나 상사인 임원이 불편해한다. 따라서 구성원과 상위 조직을 모두 만족시킬 균형점을 찾는 것이 부서장의 몫이다.

또한 상위 조직인 임원급 사업부와도 원만한 관계를 맺어야 한다. 구성원들에게는 큰소리치며 군림하던 사람이 임원에게는 자신의 부서를 제대로 대변하거나 필요한 재원을 받아내지 못한다면 부서원들은 부서장으로서 자질이 부족하다고 판단한다. 휘하 구성원들은 부서장의 이러한 능력을 보고 그 사람과 조직의 미래를 판단하기도 한다. 이러한 과정을 거치면서 걸러지고 선별된 인재들이 임원으로, 경영자로 성장해나가는 것이다.

따라서 부서상으로 승진한 사람은 일단은 임원 후보군에 진입한다는 사실을 인지하고 신중하면서도 균형 있게 처신해야 한다. 그때부터는 자신도 모르게 일거수일투족이 주목을 받으며 기억되고 기록된다. 임원으로 성장할 수 있는지 여부는 사실 이 시점에서 대부분 결정된다.

그러나 신입 사원 1년 차를 잘 보내지 않으면 과장이나 부서장으로 승진하기 어렵기 때문에 입사 1년 차가 그 초석이 됨을 강조하고 싶다. 모름지기 임원으로 성장하고 싶은 신입 사원들은 이 세 분기점을 잘 넘겨야 하는데, 이 책에서 제시하는 여러 조건들을 미리 갖추어놓으면 차후에 지나야 할 관문들도 좀 더 수월하게 통과

할 수 있을 것이다.

100명의 신입 사원이 조직에 입사하면 평균적으로 10~20명은 입사 1년 차에 탈락하거나 '문제 인력' 또는 '부적격 인력'으로 분류된다. 이런 인력은 조직 내에 남아 있다 하더라도 대리 승진부터 어렵다. 아예 조기 탈락이나 부적격자를 감안하여 필요한 인력의 20퍼센트가량을 더 뽑는 기업도 있다. 제대 날짜가 정해져 있는 군대와는 달리 기업은 중도 탈락이나 퇴사 등의 사유로 인재가 언제든 빠져나갈 수 있어 인력 규모를 정확히 예측하여 운용하기가 매우 어렵기 때문이다.

아무튼 퇴사하지 않고 남아 있다면 사원 시절에는 승진 심사 시 연공(재직 기간)도 고려하므로 아주 심각한 문제 인력이 아니라면 성과가 좀 부진하더라도 2~3년 늦게나마 대리급에 진입한다. 대리로 승진하여 근무 중에도 끊임없이 선별되면서 부적격으로 분류되기도 하고 성과가 극히 부진해서 퇴사하거나 외부로 유출되는 일도 일어난다. 그래서 입사 후 7~10년이 지나면 대상자의 50퍼센트 전후가 정기 승진 대상 연도에 승진하고 10~20퍼센트는 2~3년 늦게라도 승진한다.

10년이 경과하면 함께 입사한 인력 중 절반은 이런저런 이유로 퇴사하고 반 정도가 조직에 남는다. 관리자 승진 이후에는 조직 관리자로서 적합한지를 살펴보는 검증이 지속적으로 이루어진다. 부서장을 맡을 수 있는 차장 승진 여부는 이르면 10년 늦어도 15년 차를 전후해서 결정된다. 이 단계에서는 그 폭이 더욱 좁아져서 대상자 가운데 20~30퍼센트만이 1차로 정기 승진한다. 이후로는 차장·부장 시절을 거치면서 임원 후보로 양성되고 교육과 업무, 조직 지휘를 통해 능력과 자질을 육성한다.

그래서 대체로 사원 시절의 승진 심사는 부적격 인력을 배제하는 '선별'인 셈이고, 관리자/부서장급은 우수자를 '선발'하는 개념이며, 임원은 '발탁'의 개념으로 승진 심사를 한다고 보면 된다. 이런 승진 심사의 개념과 승진 인원 제한으로 아래는 넓고 위는 좁아지는 피라미드 조직이 자연스럽게 만들어지는 것이다.

>> 계층별 승진 심사의 개념과 승진 비율

계층	승진 심사의 개념	승진 비율
사원급 내부 승진	부적격자 선별	대상자 중 70~80퍼센트 승진
간부/관리자 승진	우수자 선발	대상자 중 50퍼센트 승진
부서장 승진	우수자 선발	대상자 중 20~30퍼센트 승진
임원 승진	최우수자 발탁	대상자 중 5퍼센트 전후 승진

위 표에서 승진 비율은 대상자 기준이므로, 중도 탈락자를 포함한 처음 입사자 기준으로 본다면 임원으로 승진하는 비율은 대략 3퍼센트 전후다.

이 시기에 조직은 더욱 주의 깊게 개인의 특성과 능력을 관찰하고 평가한다. 모든 경주에서는 스타트를 어떻게 하느냐가 승부를 반 이상 결정하듯이 직장 생활에서도 입사 후 1년간이 가장 중요하다.

>> 직장 생활의 세 분기점과 요구하는 능력

분기점	요구하는 능력
입사 1년 차	개인적인 자질, 태도, 일에 대한 열정과 몰입도, 조직 지향성
관리자 진입	개인적인 자질 외 일에 대한 전문성, 사람/조직 관리 능력, 대외 친화력
부서장 진입	정책 수립 능력, 직능에 대한 고도의 전문성, 대외 섭외력, 균형감각

"시작이 반이다"라는 말은 시작할 것을 강조하는 말이기도 하지만 시작이 그만큼 중요하다는 경구이기도 하다. 처음 새로운 위치에 가게 되는 세 분기점에서 좋은 이미지와 인상을 남기면 훨씬 유리해지는 게 사실이다. 그런 차원에서도 장거리달리기의 출발선상에 선 것과도 유사한 입사 1년 차의 중요성은 아무리 강조해도 지나치지 않다.

02

채용 시에 점검하는 기본 자질

일반적으로 채용 시에 어떤 사람이든 임원이 될 거라는 보장은 없다. 하지만 확률은 아주 낮을지라도 나중에는 결국 그중에서 임원으로 쓸 만한 인재를 선별하고 발탁하기 때문에 채용 시에 이미 알게 모르게 '임원이 될 만한 자질이 있는지'를 염두에 둔 심사가 이루어진다. 따라서 기업 입장에서는 적당히 쓰고 버릴 자원은 당연히 뽑지 않는다. 사람이라는 경영 자원은 다른 물자나 자금과는 달리 탄력성과 변화 가능성이 매우 높아 애매하면 채용하는 것 자체를 꺼린다.

삼성의 선대 회장인 이병철 회장이 "애매하면 뽑지 말고 뽑은 후에는 믿고 맡겨라"라는 인력 관리의 명언을 남겼지만, 일단 채용된 사람은 당연히 모두가 동일한 기회를 갖는 그 기업의 인재 후보다. 물론 사원급과 관리자, 임원급에게 요구되는 자질은 다르다. 자신의 위치(신분이나 직책)에 적합한 자질이 있게 마련이고 사원으로 잘했다고 꼭 관리자나 임원으로 승진하는 것도 아니다. 그렇지만 사원 시절에 그 싹은 엿볼 수 있다.

회사에 따라서는 인재 풀을 형성해 사원 시절부터 체계적으로 키우는 곳도 있지만 의도적인 노력만으로 인재를 길러내는 데는 한계가 있다. 다만 신입 사원 시절을 대강대강 보낸 사람이 관리자나 임원으로 승진하는 일은 극히 드물다.

그렇다면 사원급, 관리자, 임원에게 요구되는 자질은 어떠한 것들일까? 각각의 자질을 핵심 변수와 함께 비교하여 구체적으로 살펴보자.

기업에 몸담은 사람들이 조직에서 만나는 변수는 크게 보아 세 가지다. 우선은 '사람'을 만나고 '일'을 만나고 '조직'을 만난다. 사원 시절에는 주로 '사람'과 '일'을 만난다. 이 두 가지에서 발군의 능력을 보이면 관리자로 성장해간다. 그리고 관리자가 되면 주로 '조직'을 상대한다. 조직 관리, 대외 섭외, 직능 관리, 조직 성과 창출이 관리자의 임무다. 임원이 되면 여기에다 인간적인 품격, 방침 설정 능력과 비전 제시 능력, 구성원들에게 존경받고 구성원들에게 에너지를 불어넣어줄 수 있는 동태화 능력을 발휘해야 하고 그 조직이 지향하는 가치관을 대변할 수 있어야 한다.

이렇게 직급마다 요구되는 능력과 자질은 조금씩 차이가 난다. 다만 그 능력과 자질의 피라미드는 그 저변이 튼튼하지 않으면 위로 높이 쌓아가기가 어렵다. 말하자면 사원 시절에 요구되는 자질과 태도, 자세를 놓치고서는 위로 올라가기가 어렵다는 것이다.

사원급에게 요구되는 자질
– 기본적인 인성과 일을 대하는 자세, 열정

성실, 근면, 책임감, 조직인으로서 갖춰야 할 기본자세, 열정, 도전의지, 일과 목표를 완수하려는 근성 등이 사원급에게 요구되는 자질이다. 기업에서는 이러한 요건을 갖춘 인재를 확보하려고 한다. 관리자나 임원에게 요구되는 자질은 이러한 기본적인 자질에 덧붙여 발전시켜 나가면 된다. 대체로 직원 채용을 위한 면접 시에는 상기한 요소들을 보려고 노력한다. 이렇게 사원에게 요구하는 자질을 몇 가지로 분류하여 정리하면 다음과 같다.

① 기본적인 인성/자질/태도
따뜻한 품성/활력/인간관계/긍정적 사고/행동력/도덕성/성실성/근면성/책임감

② 일과 관련된 자질
열정/몰입력/근성과 끈기/목표 지향성/창의력/도전정신

각각의 자질에 대한 자세한 설명은 2장에서 할 것이다.

관리자/간부급에게 요구되는 자질
-업무 전문성과 조직 관리 능력

사원이 갖추어야 할 기본 자질에다 업무 전문성, 조직 관리 능력, 소통 능력, 인간관계 관리 능력, 섭외력, 친화력, 추진력, 리더십, 성과 창출 능력 등 조직 관리와 관련된 능력을 갖춘 자가 관리자가 되고 관리자로 성공한다.

사원 시절에는 아주 우수했던 사람이 관리자가 되고 나서는 주춤하는 경우도 있다. 자신에게 주어지는 일은 책임감도 있고 열심히 하여 초과 달성하는데 사람을 부리거나 조직에 주어지는 목표를 달성하는 데는 왠지 부족한 사람들이다. 반대로 담당자 시절에는 크게 두각을 나타내지 못했으나 관리자가 되고 나서 눈에 띄는 성과를 보이는 사람들도 간간이 있다. 사람을 부리고 그들을 적극적으로 목표에 몰입하게 만드는 능력을 갖춘 사람들이다.

이러한 차이는 주로 인간관계 능력이나 소통 능력의 차이에서 비롯된다. 부서나 조직이 부여받은 목표나 방침을 실행하려면 많은 부하 직원들의 도움이 반드시 필요하다. 따라서 공동의 목표를 수립하고 이를 차질 없이 수행하려면 사람과의 관계가 유연하고 주도적이며 생산적이라야 한다.

또한 한 직무나 세부 직종의 장이 되면 다른 직무 담당자들과도 협조나 협업을 해야 할 일들이 생기게 마련이다. 예를 들면 마케팅 담당 관리자는 마케팅 업무를 원활히 수행하기 위해 인사부서에서는 적정한 인적 자원을, 재무부서에서는 필요한 예산을, 기타 본사 부서에서는 필요한 물자와 정보 등을 얻어서 적시에 적절히 활용할 수 있어야 한다. 그러려면 설득력과 섭외력이 필수적이다.

업무 능력은 좀 떨어지더라도 이러한 섭외력이 뛰어나 여러 가지 업무에 필요한 재원과 경영 자원을 잘 확보한다면 부서 업무가 수월해지고 부서원들에게도 신뢰와 존경을 받을 수 있지만 그 반대의 경우 불신과 실망의 소리를 듣게 되고 급기야는 그 조직에서 이탈하려는 부하들도 생기게 마련이다. 따라서 평소에 두루두루 친교를 쌓으며 친밀감을 형성해놓으면 업무에 필요한 자원을 더 원활하게 확보할 수 있다.

다음으로 중요한 것은 아무래도 추진력과 목표 지향성이 될 것이다. 혼자가 아닌 조직에 주어진 목표를 달성하는 것은 개인에게 주어진 목표를 달성하는 것보다 훨씬 어렵다. 다양한 특성을 가진 인간들을 한 가지 방향으로 단합시켜 주어진 목표를 달성해야만 관리자로서 능력을 인정받는다.

다만 채용 시에는 이러한 관리 능력을 보유하고 있는지 직접 알아보기는 어렵다. 그래서 면접관들은 지원자들에게 리더로서 경험한 사례를 설명하라고도 하고 갈등과 고난을 극복해본 경험을 이야기해달라고 요구하기도 한다. 인간관계 능력이나 섭외력도 면접 시에 판단하기는 쉽지 않으나 적어도 그 씨앗은 파악할 수 있다.

즉 관리자에게 요구되는 능력을 갖추기 위해 선행되어야 할 능력들, 이를테면 친화력, 인간적인 매력이나 발표력, 적극적 성향 등을 점검함으로써 미래의 관리자감인지를 미리 알아볼 수 있다. 일과 조직에 대한 열정과 근성이 있다면 미래에 추진력이나 목표 몰입도가 높아질 수 있다고 판단하는 것이다.

또한 지원자의 눈빛이나 말투, 걸음걸이 등만 잘 관찰해도 이러한 업무나 조직 관리에 필요한 능력들의 단초를 찾아낼 수 있다. 요컨대 채용 시에 이런저런 능력이나 특성을 다 파악하기는 쉽지 않지만 그 싹이 되는 기초 능력과 자질을 살펴보면서 미래의 가능성을 판단해보는 것이다.

임원급에게 요구되는 자질 – 정책 결정 능력과 인간성, 품격, 통합 능력, 방침 설정 능력, 조정 능력, 인간미, 혁신 능력, 대외 섭외력, 덕

임원이 된다는 것은 경영자의 반열에 올라서는 것을 의미하고 그 업종이나 회사의 미래를 열어갈 자질을 갖추었다는 것을 뜻한다. 상기한 능력들을 입사 면접에서 확인하기는 용이치 않지만 발표력이나 질문에 대한 응답, 난제에 대응해가는 모습과 여러 가지 테스트를 통하여 미래의 임원에게 필요할 수 있는 자질들의 기반을 확인해볼 수 있다.

삼성에는 '삼성헌법'이라는 것이 있다. 인간미, 도덕성, 예의범

절과 에티켓이 바로 그것이다. 삼성인이라면 누구에게나 요구되는 일반적인 자질인 셈이다. 헌법이라고 표현할 만큼 전 직급에게 가장 기본적으로 필요한 인재상을 설정한 것이다. 최소한 이 네 가지를 갖춘 사람이면 사원이든 관리자든 임원이든 삼성의 구성원으로서 모자람이 없다는 표현이다. 필자는 이러한 네 가지에다 열정과 근성이라는 덕목을 더 추가하여 모든 조직의 구성원들에게 공통적으로 요구되는 인재상으로 정의하고 싶다.

>> 사내 계층별 요구 자질 피라미드

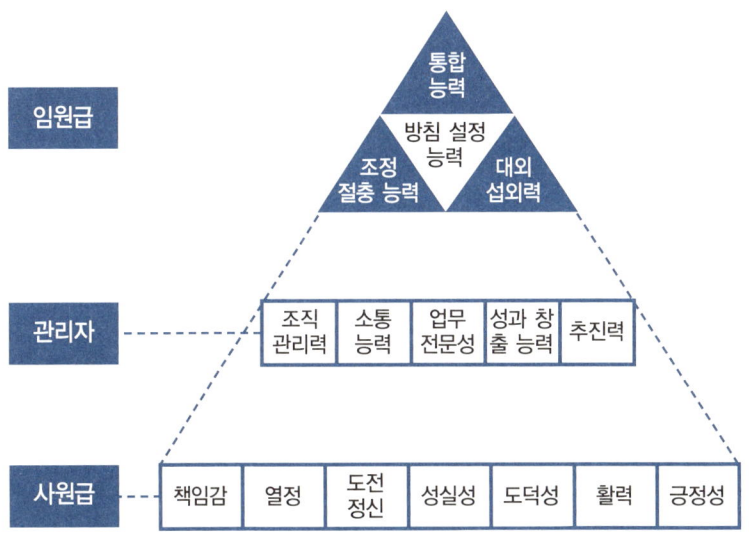

03

입사 1년 안에 갖추어야 할
자질과 소양

지금까지 조직 생활에 필요한 자질들을 살펴보았다. 이 장에서는 본론으로 진입하여 입사 1년 차에게 요구되는 소양과 자질을 독자들이 이해하기 쉽게 실제 사례나 언행을 통해 살펴볼 것이다. 인간적인 자질과 업무 담당자로서 갖춰야 할 자질, 조직 구성원으로서 갖춰야 할 자질들을 중심으로 사례나 실제 상황을 예로 들어 설명한다.

인간적인 자질
다양한 인간들로 구성되는 조직에 몸담으며 전문적이고도 경쟁력 있는 업무 능력을 갖추어가기 위해서는 인간적인 요건이 가장 선행된다. 아무리 업무 능력이 뛰어나도 구성원들과 화합하고 팀워크를 형성할 수 있는 인성을 갖추지 못했다면 뛰어난 업무 능력이 사장될 가능성이 아주 높다.

인간적인 자질은 대부분 타고나거나 아주 어릴 적에 형성되는 경우가 많다. 예를 들면 남을 비방하는 말을 입에 달고 산다든지, 책임감이 없다든지, 변명을 잘한다든지 등의 부정적인 특성을 가지고 있는 사람을 오랜 기간 직장 생활을 잘할 수 있는 사람이라고 판단하기는 어렵다. 기업이 중요시하는 인간적인 자질을 나열해 보면 다음과 같다.

>> **조직 생활에 적합한 인간적인 자질과 특성**
- 모든 일을 긍정적으로 바라본다
- 작은 일에도 열정적으로 몰입하는 근성과 투지가 있다
- 사람을 존중하며 긍정적인 애정이 있다
- 타인도 인정하며 거만하지 않다
- 타인에게 책임을 돌리거나 변명하기보다는 자신이 책임지려 한다
- 이기적이지 않다
- 근면하며 매사에 성실히 임한다
- 침착하기보다는 활력이나 에너지가 느껴진다
- 매사에 역동적으로 반응하고 능동적이다
- 먼저 나서는 적극성이 있다

- 자신의 말과 행동을 통제할 수 있는 자제력이 있다
- 스스로 목표를 세우고 계획을 수립할 수 있는 주체적 자립심이 있다
- 좋은 생활습관이 있다(자세한 내용이나 방법은 나중에 후술)

이러한 자질들은 입사 후에 만들어지는 것이 아니라 타고나거나 입사 전에 형성되는 것들이라 채용 면접에서 중요한 고려 사항이 된다. 따라서 이러한 자질들은 1년 내에 만들어진다기보다는 1년 동안에 선배들에게 성향을 판단받고 진실성을 검증받게 된다. 그래서 서서히 그 사람에 대한 평판이 만들어지는 것이다.

작은 일이나 말 한마디로도 여러 가지를 판단할 수 있다. 모름지기 입사한 후에는 모든 이가 항상 자신을 주목하고 있다는 생각으로 말과 행동을 조심해야 하고, 사적인 행동도 비밀이 보장되지 않으며 드러나게 마련임을 명심해야 한다. 9시 뉴스에 자신의 말과 행동이 보도되어도 좋을 정도면 문제가 없다고 할 수 있다.

입사 후 임원이 되기까지 지난한 기간은 이러한 인간적인 자질을 검증받는 시간이기도 하다. 따라서 입사 면접 시에 아주 적극적이고 열정적이며 책임감 있는 모습을 보였다고 해서 입사 후에 면책되는 것은 아니다. 입사 시에 보여준 모습들은 어느 정도는 연출된 모습이기 때문에 선배나 상사, 동료들은 입사 1년 차에 인간적으로 모범적인 인물인지를 유심히 관찰하고 판단하게 된다.

특히 조직에 필요한 장점들을 부각시키는 것보다 오히려 부정적인 점을 드러내지 않는 것이 더 중요하다. 좋은 점보다 나쁜 점

이 알려지는 속도나 범위가 훨씬 더 빠르고 넓기 때문이다. 자신의 나쁜 성향을 주변에 한 번이라도 드러내면 직장 생활 내내 꼬리표처럼 따라다닌다.

최근 회사를 명퇴한 50대 초반의 후배가 재취업을 부탁한 적이 있다. 필자가 인맥을 동원하여 몇 군데 알아봐줬는데 결국은 실패했다. 그 후배가 직장 생활 당시에 보여준 남의 이야기를 여기저기 옮기는 성향이나 음주 후 과격함이 문제가 되었기 때문이다. 그 기업에서는 그 후배에 대해 여기저기 알아본 모양이었다. 대한민국은 의외로 좁다. 조직인으로서 부적절한 행동을 하면 늘 부정적인 인식표가 자신을 따라다니게 된다.

그래서 "인사는 인사부가 하는 것이 아니라 자신이 하는 것"이라는 말이 있다. 자신이 어떻게 생각하고 말하고 행동하는지가 자신의 미래를 결정한다. 신입 사원 시절의 행동이나 말투, 태도 등이 직장 생활의 성패를 결정하는 요소가 되는 것이다.

업무 담당자로서 갖춰야 할 자질

기업이 사람을 채용하는 이유는 조직이 설정하고 추진하는 일을 같이 도모하기 위해서다. 상기한 인간적인 면모를 갖추고 일에도 최고의 열정을 보인다면 그 사람의 미래는 밝다고 할 수 있다. 아무리 인성이 모범적이라 해도 일에 열정과 근성이 부족하다면 기업이 봉사기관이 아닌 바에야 채용할 이유가 없는 것이다. 다만 인간적인 바탕이 어느 정도 완성된 사람이 일을 잘해야 성과와 조직 발전으로 이어지기 때문에 인간적인 품성을 중시하는 것이다.

아무튼 일을 대하는 열정만큼 중요한 것은 없다. 학업을 끝내고 신입 사원으로 입사한 자원에게 회사에서 많은 것을 기대하지는 않는다. 학교에서 전문지식을 배웠다 하더라도 최소한 2~3년은 기업에서 교육을 시켜야 혼자서 맡은 바 업무를 원활하게 수행할 수 있는 인재가 된다. 따라서 입사 1년 차에게 요구되는 업무 지식이나 전문성은 아주 제한적이다. 그렇지만 입사 1년 차가 일을 대하는 태도나 몰입도는 그 미래를 가늠해볼 수 있는 척도가 되기에 아주 중요하다.

>> 입사 1년 차에게 필요한 업무 자세
- 주어지는 업무에 애정과 열정을 가진다
- 회사 업무를 최우선 과제로 인식한다
- 성과 지향적이고 끝까지 해내고야 마는 근성과 투지가 있다
- 끊임없이 새로운 방식과 해결책을 탐구하고 개선하려고 노력한다
- 업무의 핵심 요소를 조기에 파악한다
- 어려운 일을 만나면 상사나 동료에게 도움을 청한다
- 상사가 업무를 지시하면 꼭 지시 내용을 재확인한 후에 추진한다
- 업무의 영역과 큰 방침과 가치를 조기에 조망할 수 있는 능력을 갖춘다
- 회사의 큰 업무 방향에서 자신의 업무가 차지하는 위치와 중요성을

인지한다
- 아무리 사소한 일(복사나 문서 수발이라 하더라도)이라도 최선을 다한다
- 자신의 업무와 연결된 주변 업무와 관련된 지식도 일정 수준 연마한다
- 밤을 새워서라도 자신에게 주어진 일과 목표를 달성하려는 의지를 보여준다
- 관련 서적을 보거나 인터넷을 검색하며 문제 해결 방안을 지속적으로 연구한다
- 새로운 업무 개선 아이디어를 늘 생각한다
- 업무에 대한 지식이나 전문성이 쌓이더라도 너무 성급하게 나서지 않는다

"옥은 천 년을 땅속에 있어도 그 빛을 잃지 않으며 향은 백 겹의 종이에 쌓여 있어도 그 향기가 배어나옴을 막을 수 없다"는 말처럼 능력과 전문성이 있다면 자연스레 표출되게 마련이다. 신입 사원이 조금 안다고 너무 나대면 선배를 비롯한 조직 구성원들에게 미움을 받을 수도 있으므로 이 점을 각별히 조심해야 한다.

신입 사원이 너무 일찍 전면에 나서면 자신을 도와줄 동료나 선배들이 경계심을 가지게 되고 결국은 자신에게 불리한 상황이 만들어질 수밖에 없다. 조직이란 혼자서 일을 하고 끝까지 책임지는 곳이 아니라 일종의 공동 작업을 수행하는 곳이므로 주위 동료도 생각하며 일하고 판단해야 한다.

조직 구성원으로서 갖춰야 할 자질

개인적으로 우수하고 일에 대한 몰입도가 높다 하더라도 조직 전체가 긍정적으로 나아가는 데 걸림돌이 된다면 임원으로 성장하기는 어렵다. 개인적인 능력이 덜 우수하더라도 조직 지향성이 높으면 오히려 더 유리한 경우가 많다. 업무 능력도 중요하지만 임원으로 올라갈수록 조직 지향성이 더 중요해진다.

이런 자질들이 신입 사원 시절에 다 드러나지는 않지만 그 싹은 보인다. 업무 담당자나 관리자로 그다지 두각을 나타내지 못한 사람이 나중에 임원으로 성장하고 회사 경영자의 반열에 오르는 것은 조직 지향성이 출중하기 때문이다.

경영자로 올라갈수록 업무 능력보다는 조직 지향성이 더 중요해진다. 임원은 많은 회사 정보와 기밀을 취급하는데 조직 지향성이 부족하면 조직 발전에 해를 끼치거나 자신이 아는 회사의 기밀을 가지고 민원을 제기하거나 경쟁사로 가버릴 수도 있기 때문이다. 이런 사항들은 아래와 같은 항목들을 토대로 추론해볼 수 있는데 신입 사원 시절이라 하더라도 상사나 인사부서, 교육부서 등에서 관찰하거나 기록으로 남아서 그 사람의 평판이 되고 조직에 대한 기여도가 클지 작을지 판단하는 요소가 된다.

>> 조직 구성원이 갖춰야 할 자질과 소양들
- 자신보다 조직을 먼저 생각하는 조직 지향성과 주체 의식
- 동료들과 같이 어울리며 소통하고 존중하는 인간관계를 맺는 능력

- 상사에게 믿음을 줄 수 있는 예측 가능성과 행동 지향성
- 비판, 언변보다 행동을 중시하는 실천력
- 조직 구성원들의 다양한 의견을 조율 또는 조정할 수 있는 수용성과 포용력
- 조직을 대표하거나 대변하여 대외적인 조율과 섭외, 조정을 할 수 있는 능력
- 자신의 의견을 가지되 조직 전체가 나아가는 방향에 긍정적으로 합류할 수 있는 균형성/탄력성
- 적을 적게 만드는 긍정적 친화력
- 스스로 시간을 통제하고 계획적으로 일에 몰두할 수 있는 주도성

2장

입사 1년 차 직장 생활 요령

입사 1년 차에 좋은 인상을 심어주지 못하면 회복하는 데 엄청난 노력과 시간이 소요된다.
관리자나 임원이 되면 발휘할 수 있는 우수한 능력을 갖추고 있다 하더라도 이 신입 사원 시절의 관문을 무사히 통과해야 차후에 그 능력을 발휘해볼 기회가 주어진다.

목표 설정

01 원대하고 높은 꿈과 비전을 설정하라
02 구체적인 도전 목표와 실천 계획을 수립하라
03 CEO나 임원들을 유심히 관찰하고 벤치마킹해라
04 최초 3년간은 초기 투자 기간이라고 생각하라
05 누구에게나 무조건 배운다는 자세로 1년을 지내라
06 내가 하는 일을 좋아해야 성공한다
07 성과는 자신이 투자한 시간과 열정에 비례한다

목표 설정 01

원대하고 높은 꿈과 비전을 설정하라

꿈이 있는 자가 그렇지 않은 사람보다 그 꿈을 이루기가 훨씬 더 쉽다. 그냥 편안한 월급쟁이로 살고 싶다는 마음으로 직장 생활을 하는 사람들은 대개 그보다 더 못한 결과를 얻게 된다. 임원을 목표로 매진해야 나중에 부서장이라도 해볼 수 있다. 그러한 꿈조차 없다면 부서장이 되는 것도 쉬운 일이 아니다.

원대한 꿈을 품고 꿈을 이루려는 노력을 하다 보면 꿈이 이루어질 가능성이 높아진다. 설사 아주 작은 식당에서 음식을 나르는 종업원으로 근무하더라도 꿈이 있는 자와 닥치는 대로 살아가는 사람은 그 미래가 차이가 날 수밖에 없다.

꿈과 비전은 자신의 능력이나 가치관과 동떨어져서는 이루기 어렵다. 최선의 노력을 다한다 해도 겨우 이룰까 말까 한 꿈이 진정한 의미의 꿈이고 비전이다. 전혀 불가능한 꿈은 망상에 불과하고 반대로 너무 현실적인 꿈은 굳이 설정할 필요가 없는 것이다. 너무 높은 이상과 꿈은 쉽게 도전 의지를 포기하게 만들 수 있다. 그래서 이상과 꿈은 도전해볼 만한 가치나 그 적당한 수준을 가늠하여 설정해야 한다. 따라서 '평범한 월급쟁이'가 되고 싶다는 바람은 진정한 의미의 꿈이라 하기 힘들다. 월급쟁이 중에서도 어떤 위치에 올라 어떤 기여를 할 것인지를 도전적인 수준에서 설정해야만 꿈으로서 가치가 있는 것이다.

꿈은 인생의 방향타나 지향점에 비유되기도 한다. 인생을 살다 보면 굴곡이 있게 마련이지만 이러한 갈등과 시련, 고난의 시기에도 중심을 잃지 않고 스스로 지향점을 향해 나아가기 위해서는 당당하고 큰 가치를 지닌 꿈을 품어야 한다. 항해를 위한 계기가 발달하지 않았던 과거에는 북극성을 향해 방향을 정하는 기준으로 삼았다고 한다. 파도가 치고 비바람이 불어 배가 심하게 흔들리거나 엔진 고장으로 목표와 다른 엉뚱한 방향으로 표류하더라도 배가 궁극적으로 나아가야 할 지향점(기준)이 확실하다면 구성원들을 독려하고 스스로도 용기를 내서 포기하지 않고 버틸 수 있는 것이다. 선원들이 항해를 불안해하거나 시련에 좌절하지 않고 초심을 지탱할 수 있는 것은 북극성이 자신들의 항해 방향을 바르게 인도해줄 것이라는 믿음 때문이다.

조직이나 개인도 흔들리거나 유혹이 있더라도 꿋꿋이 자신이 목표한 방향으로 나아가려면 흔들리지 않는 지향점, 북극성 같은 존재가 있어야만 한다. 그래야 시행착오나 포기를 최소화할 수 있다. 머나먼 인생 여정에서 이러한 북극성에 해당하는 것이 꿈과 비전이다.

한두 해는 모르되 10년이 흐르면 꿈과 비전을 가진 자와 그렇지 않은 자는 현격히 성과가 벌어진다. 꿈이란 인생의 궁극적인 목표이기도 하고 자신의 가치나 지향점을 좀 더 높일 수 있는 역할과 에너지를 제공한다. 꿈을 가진 자가 그 꿈을 이루지 못하는 경우는 있어도 꿈이 없는 자가 꿈 같은 성취를 이루기는 불가능하다.

골프의 홀인원도 꼭 해보겠다는 강렬한 비전과 전략을 세워 샷을 하면 들어갈 가능성이 더 높아진다고 한다. 흔히 홀인원은 '운'이라고 생각하지만, 홀인원을 10여 차례 한 어느 골퍼는 자신은 늘 홀인원을 꿈꾸며 샷을 한다고 말했다. 즉 그린 어디쯤에 볼이 떨어져서 어느 방향으로 얼마나 굴러가야 홀인원이 될 것인지를 마음속으로 그려보고 그 생각에 맞추어 샷을 한다는 것이다. 그러다 보면 그냥 그린에 올리려고 하는 사람에 비해 홀인원을 할 확률이 훨씬 더 높아진다고 그는 설명했다.

본인이 설정한 꿈이 CEO가 되는 것이든 최고위 임원이 되는 것이든 간에 현실적인 꿈을 가진 자는 자기도 모르게 그 꿈을 이루려는 노력을 하게 마련이다. 사장이나 임원이 되겠다는 꿈이 너무 세속적이거나 통속적이지 않느냐는 비난을 할 수도 있지만 꿈은 현실적·구체적으로 설정해야 한다.

필자가 신입 사원 시절에 만난 CEO 중에 한 분은 신입 사원 시절부터 '자신은 사장이 될 것'이라는 자기최면을 걸며 살아왔다고 이야기했다. 결혼을 약속한 신부에게도, 주위 사람들에게도 자신은 사장이 될 것이라고 자주 이야기했단다. 처음에 듣는 사람들은 코웃음을 칠 수도 있었겠지만 자주 듣다 보면 학습효과가 생긴다. 그는 늘 자신과 주위 사람들에게 최면을 걸었고, 그는 결국 그 꿈을 40대에 이루었다. 남들은 50대에 그것도 아주 극소수만이 이룰까 말까 하는 대기업 사장의 꿈을 40대에 삼성에서 이룬 것이다.

우리가 임원이나 사장이 되겠다는 꿈을 세우는 이유는 단지 높은 자리와 보수가 욕심나서만은 아니다. 누구나 자신의 인생을 남의 명령에 따라 마지못해 살아가는 것이 아니라 자기 의지대로 살아보고 싶을 것이다. 사장이나 임원이 되면 승진 못한 사람보다 그럴 가능성이 상당히 높아진다. 그렇지 않은 직원들은 사장이나 임원의 꿈이나 생각대로 살아야 한다. 자신의 가치나 생각대로 살고 싶으면 일단 조직의 장이 되어야 한다. 그러면 제한된 범위에서일지라도 자신의 생각대로 살 가능성이 훨씬 높아진다.

삼성에서 인사 담당 임원으로 일할 때의 일이다. 필자는 그때 막 골프를 시작하여 핸디가 25개를 왔다 갔다 했다. 시작한 지 1~2년밖에 안 되었으니 당연한 결과였다. 어느 날 각사 인사 담당 골프 대회에 나가서 핸디를 적어내니 그룹 인사팀장이 18 이상은 인정할 수 없다고 했다. "인사 담당이 어떻게 보기플레이어도 안 되는가? 있을 수 없는 일"이라는 것이 그 이유였다. "인사 담당은 많은 임원들과 교류하고 회사 외부의 관련된 분들과도 업무상 골프를 칠 일이 많은데 그런 스코어로 어떻게 그들과 어울릴 수 있는가"가 그분의 주장이었다. 할 수 없이 18을 적고 시합을 했는데 희한하게도 그 이후 스코어가 줄어들기 시작해 얼마 안 가서 80대 중반을 치게 되었다.

현재 자신의 위치가 낮더라도 높은 꿈을 품으면 언젠가는 꿈이 이루어진다는 것을 직접 경험한 실례다. 지금의 낮은 현실에 안주하지 말고 과감히 높은 꿈을 품으면 그 꿈을 이루기 위해 열정적으로 노력하게 되고, 그러다 보면 꿈을 조기에 이룰 수 있는 것이다. 스스로를 낮추거나 이상을 낮춰 잡는 것은 이미 성취의 비전을 낮추는 일이다. 이상은 높게 잡는 것이 이상을 현실화하는 가장 좋은 방법임을 잊지 말자.

목표 설정 02

구체적인 도전 목표와
실천 계획을 수립하라

꿈과 목표의 차이는 구체성의 유무에 있다. 즉 꿈은 자신의 인생관이나 가치와 연결되어 있어 다소 추상적이고 계량화가 어려울 수도 있지만, 목표는 그 꿈을 이루기 위해 몇 개로 세분한 것이라 훨씬 더 구체적이고 실행하기가 쉽다. 따라서 꿈을 이루기 위해서는 반드시 목표를 세워야 한다. "바보들은 계획만 세운다"는 격언도 있다. 그렇다. 꿈과 목표를 정했으면 이를 구체화하고 차근차근 실천해나가야 그 꿈을 이룰 수 있다.

"꿈을 가진 자는 그 꿈을 이루지만, 꿈(잠)을 꾸는 자는 이루지 못한다"는 어느 고등학교의 급훈이 생각난다. 꿈을 가졌다면 그 꿈을 이루기 위해 구체적인 노력을 해야만 한다는 명언인 셈이다.

꿈만 있고 목표와 실천 계획을 세우지 않는다면 좋은 결과를 이루기는 어렵다. 히말라야를 정복하는 것이 꿈이라면 일단 티베트로 가야 하고 베이스캠프를 어디에다 만들지 계획하고 전체적인 일정도 짜야 한다. 베이스캠프에 도착했다면 당장의 100미터를 어떻게 올라갈 것인지 계획해야 한다. 이렇게 일정을 짜고 첫 100미터를 어떻게 올라갈지 계획하는 건 실천 계획에 해당한다. 당장의 100미터부터 올라가지 않으면 히말라야 정복이라는 원대한 꿈은 이룰 수 없다.

로또에 1등으로 당첨된 사람들의 공통점은 무엇일까? 모두 '로또를 산 사람들'이라는 것이다. 그렇다. 일단 로또를 사야 당첨도 가능한 것이다. 앉아서 로또 1등 당첨의 꿈만 꾸고 있다면 당첨의 행운을 누릴 수 없을 것이다. 꿈은 크게, 계획은 구체적으로 세부적으로 짜야 인생 항로를 제대로 항해할 수 있다.

그래서 자신의 원대한 꿈을 이루기 위한 계획을 매년 수립하고 실천해나가야 한다. 1년이 지나면 그 계획이 제대로 실천되었는지를 살펴보고 그다음 해에는 어떤 일을 어떻게 해나갈 것인지를 정해야 한다. 그 계획은 되도록 계량화할 수 있는 것이어야 실천하기도 검증하기도 쉽다. 추상적이고 애매한 계획은 실천도 어렵고 달성 여부를 검증하기도 어렵다. 그러면 흐지부지되기 십상이다. 아울러 계획에는 꿈을 이루는 데 가장 중요한 핵심적인 내용이 담겨 있어야 흐트러지지 않고 한 방향으로 매진할 수 있다.

목표와 계획이 항상 당초 기대한 대로 이루어지는 것은 아니다.

계획과 목표 없이 되는 대로 즉흥적인 삶을 사는 사람들은, "이룰 수도 없는 목표와 계획을 왜 수립하느냐? 그것 자체가 인생의 낭비 아니냐? 그냥 물처럼 흘러가면 된다"고들 말한다. 그러나 구체적인 목표나 계획 없이 이루어지는 일은 별로 없다. 큰 방향을 잡고 정기적으로 수정, 보완하면서 인생의 큰 꿈에 접근해나가야 한다.

계획은 계획일 뿐이다. 여러 가지 변수로 인하여 목표와 실행이 100퍼센트 완전 일치하기는 불가능하다. 그래도 목표나 계획이 없는 사람은 자신의 삶이 어디로 어떻게 흘러가는지도 모른다. 측정 자체가 불가능하기 때문이다. 마치 항해를 시작하고서도 지향점도, 이정표나 나침반도 없이 파도와 바람에 배의 향방을 맡기는 것과 다르지 않다. 배가 한참 엉뚱한 곳으로 흘러가고 난 후에는 후회해도 이미 늦다. 항해를 시작할 때 뚜렷한 도착점을 인지하고, 그 목표를 향한 중간 기착지와 항해 궤도를 정하고, 나침반을 준비하는 것은 인생 경영에서 목표와 계획을 수립하는 일과 유사하다.

>> **목표를 수립할 때 유의할 점**
- 되도록 과정을 관리할 수 있도록 목표를 계량화한다
- 목표나 계획을 달성하려는 기한을 설정한다
- 큰 목표나 계획은 몇 개로 쪼개어 세분한다
- 계획은 인생의 핵심 목표(꿈)에 합치하도록 짠다
- 너무 쉽거나 어려운 목표는 지양하고, 자신의 체력이나 여건을 감안

하여 열심히 노력하면 달성 가능한 수준으로 정한다
- 주요 목표는 3~5가지 이내로 요약한다
- 목표를 달성하기 위한 계획은 자신이 직접 짜거나 가족이나 주위의 조언을 들어서 수립한다
- 수립한 목표는 주위에 자랑하고 명제화한다
- 분기 1회를 전후해 계획 달성 정도를 점검하고 계획을 조정한다
- 1년에 한 번은 계획 달성 여부와 진도를 점검하고 차기 계획 수립에 참고한다

사장과 신입 사원의 간담회에서 당돌하게도 "10년 후에 이 회사를 인수하겠다"는 포부(목표)를 이야기한 신입 사원이 있었다. 당시에는 다들 속으로 코웃음을 쳤고 사장도 미소를 지으면서 "그 꿈을 이루도록 노력하라"고 말하고는 잊었다. 4년이 지나 그 직원은 사장의 비서와 결혼했다. 우리는 이구동성으로 놀라워하며 "드디어 회사 인수가 시작되었고 사장 비서 인수부터 시작하는구나"라고 농담을 하며 웃었다. 그 직원은 나중에 임원까지 올랐지만 아쉽게도 회사 인수는 불발에 그쳤다. 그렇지만 그런 꿈을 가진 자와 그렇지 않은 자는 성취는 물론이고 생활 자세나 업무 자세도 달라지게 마련이다.

최근 직장인들 중에는 스스로 꿈을 낮춰 잡는 이들도 적지 않다. 실제로 확률이 아주 낮은 임원보다는 부장 정도까지만 오르면 좋겠다는 꿈을 품고 있거나 아예 관리자로 진급하기보다는 평사원

으로 근무하기를 원하는 이들도 있다. 이유인즉, 임원이 되면 책임과 스트레스가 많아지고 자기 생활은 거의 할 수 없는데 자신은 그렇게 살기 싫다는 것이다. 이런 분들은 대강대강 직장 생활을 영위함으로써 스스로를 작은 우물에 가두어놓는 것과 같다.

요즘은 사원급의 급여도 과거와 비교하면 상당히 향상되어 그럭저럭 생활은 할 수 있을 듯도 하다. 다만 사원급으로만 근무해서는 나중에 퇴직 후에 필요한 노후 자금을 마련하기가 벅차다. 뿐만 아니라 꿈을 작게 가지면 그 꿈조차 이루기 어렵다. 스스로 움츠러들면 주위 사람들도 다 알게 되게 마련이다. 그러면 그 작은 꿈조차 이루기 어려울 수도 있다. 그래서 모름지기 꿈은 크게 가지는 것이 좋다. 그래야 다 이루지 못하더라도 중간은 간다.

필자가 인사부장으로 재직하던 1990년대 중반에 회사 외부에서 새로운 CEO가 보임하여 왔다. 당시 회사의 시장점유율은 16퍼센트 전후로 10개사 중에서 1등 기업이었지만 2~4위와의 간격은 기껏해야 1~2퍼센트 차이로 극히 미미했다. 그러나 그 CEO는 "우리 회사의 시장점유율은 최소한 2, 3위의 점유율을 합친 것보다 많아야 하고 30퍼센트까지 끌어올려보자"는 당시 상황으로서는 터무니없다고 할 수 있을 정도로 과도한 목표를 설정했다.

금융업의 특성상 단기간에 그렇게 점유율을 높이는 것은 불가능하다는 것이 전문가들의 중론이었다. 회사 직원들도 "보험의 '보' 자도 모르는 사람이 CEO로 와서 정신없는 소리를 한다"고 쑥덕거리기까지 했다. 각사가 치열한 경쟁을 벌이는 상태였고 상품도 비슷비슷해서 시장점유율을 1퍼센트 높이는 데도 몇 년이 걸렸던 터라 새로운 CEO가 제시한 목표를 달성 불가능한 것으로만 여겼던 것이 사실이다.

그러나 그러한 담대한 목표를 설정하고 난 후 여러 가지 회사 정책들이 그 목표에 맞추어지고 과감한 투자나 새로운 의사결정도 이어졌다. 불가능할 것 같았지만 참으로 희한하게도 시장점유율이 3년 후에는 20퍼센트를 넘겼고 5년 후에는 27퍼센트까지 높아졌으며 한때 30퍼센트를 넘기기도 했다. 담대한 목표 설정이 이렇듯 사람들의 잠재력을 이끌어내고 업무 방식을 진화시켜 결국은 그 꿈을 이루어냈다. 물론 실패 사례도 없진 않겠지만 목표와 꿈은 이렇듯 사람을 더 과감하고 용감하게 생각하고 행동하게끔 유도한다.

필자는 수년 전 회사를 그만두고 예전에 다니던 성당에 다시 나가기 시작했다. 새롭게 다시 시작하는 만큼 신앙생활의 목표를 매우 높게 설정했다. 천주교에서 신자들이 매일 바치는 '묵주기도'라는 것이 있는데, 보통 남자들은 일주일에 30~40단이 고작이었지만 필자는 4~5배나 많은 매주 200단을 목표로 설정했다. 일주일에 200단을 봉헌하려면 하루에 40단 이상을 수행해야 한다. 하루두 시간 전후를 기도에 매진해야 가능한 일이었다. 강의나 집필, 운동 등으로 나름 바쁘게 보내고 있었지만 그간의 냉담을 속죄하는 의미에서 그렇게 높게 목표를 설정했는데 1년 만에 1만 단을 봉헌함으로써 그 목표를 이루어냈다.

이렇듯 일단 목표를 세우면 그 자체가 우리가 목표를 향해 나아가게끔 동력을 제공한다. 따라서 목표를 너무 낮게 잡으면 이룰 수 있는 성과도 낮아질 수밖에 없다. 과감하고 이루기 쉽지 않은 목표라야 더 가치 있고 의미 있는 것이다.

과감하게 큰 꿈을 수립하고 도전하는 자세야말로 신입 사원들이 지켜야 할 본분이다. 평사원으로 머물며 회사에 손만 빌려주겠다는 생각으로 직장 생활을 시작한다면 얼마 안 가 그 손조차 거부당하기 쉽다. 큰 꿈을 품고 활력과 생명력이 왕성한 신입 사원들이 대거 입사해야만 조직 역시 늘 생동감이 넘치며 동태화되기 때문에 회사 경영자들은 이러한 신입 사원을 강력히 원한다.

필자는 1년 단위로 '인생 경영 계획'을 수립하여 그 꿈을 이루고자 노력했다. 입사 당시 필자의 꿈은 '삼성에서 인사 전문가가 되겠다'는 것이었다. 현실적으로는 인사부장이나 인사 담당 임원이 되어 삼성의 인사를 책임지거나 일부를 담당하고 싶다는 것이 당시의 꿈이었다. 그 꿈을 이루기 위해 매년 세 가지 주요 방향과 세 가지 실행 계획을 수립했다. 그 속에는 직장 생활은 물론 개인적인 건강관리나 가정 관리도 포함되었다.

큰 꿈은 변함없되 실행 계획은 해마다 상황에 맞게 조정했다. 그래서 가정과 직장 생활을 비교적 순탄하고 조화롭게 영위할 수 있었다. 또한 삼성의 인사부장, 인사 담당 임원은 물론이고 삼성금융그룹 인사조직혁신팀의 팀장과 삼성경제연구소의 인사조직실에 4~5년 파견 나가서 수석연구원으로 근무하면서 인사 전문가

이자 컨설턴트로서 활동했으니 필자는 신입 사원 시절의 꿈을 이루었다고 생각한다. 만약 그러한 꿈도 목표도 계획도 없이 닥치는 대로 살았더라면 절대 그 꿈을 구체화하고 이룰 수 없었을 것이다.

  꿈이 '새로운 집'이라면 목표는 '설계도' 같은 것이다. 우리가 집을 지을 때 설계도가 필요하듯이 꿈과 행동 계획이 있어야 살면서 원하는 것을 이루기가 훨씬 더 쉽다. 다만 그 꿈도 행동으로 옮기려면 잘게 쪼개어 관리해야 쉽다. 행동으로 옮기기 위한 실행 계획이 없는 꿈은 사상누각에 불과하다. 직장 생활에서 이루고자 하는 꿈을 수립했다면 매년 그 꿈을 향해 조금씩 다가갈 수 있도록 실행 계획을 수립해야 한다.

목표 설정 03

CEO나 임원들을
유심히 관찰하고 벤치마킹해라

필자가 존경하는 CEO 한 분은 신입 사원 시절에 세계 유수 기업과 우리나라의 유명 창업주들의 자서전을 모두 사서 읽어보았다고 이야기했다. 그들의 책에서 창업과 경영에 대한 고민, 사람 관리나 인간관계 관리를 어떻게 해야 하는지, 기업 경영을 성공으로 이끄는 가장 큰 견인차들은 무엇인지를 파악하여 자신의 인생살이의 지침으로 활용했다는 것이다. 아무런 배경 없이 신입 사원으로 기업에 입사한 그분은 그 덕분인지 일찍 CEO의 자리에 올랐다.

자신이 잘 알지 못하거나 자신이 없는 일을 할 때는 먼저 그러한 경험을 해본 사람들을 벤치마킹하여 자신의 가치로 전이시키는 것이 가장 효율적인 방법 중 하나다. 또한 이러한 벤치마킹은 자신이 해보고 겪어야 할 시행착오를 최소한으로 줄여준다. 기업에서 성공한 사람들의 말과 행동, 가치와 실천을 보고 배우는 것도 자신의 꿈을 이루는 데 도움을 줄 착안점을 얻을 수 있는 좋은 방법이다. 그들이 언제 일어나서 언제 어떻게 출근하며 생활은 어떻게 하고 직장에서 다른 사람들과는 어떻게 지내는지, 일과 회의를 할 때는 어떻게 접근하고 처리하는지, 퇴근 후에는 어떻게 생활하는지 등을 살펴보면 자신이 가야 할 길이 보이기도 한다.

다만 시대도 달라지고 가치관도 사람마다 다르므로 이러한 방식이 꼭 적합한 방법이라고 단정하기는 어렵다. 또한 똑같이 따라 하기도 쉽지 않다. 그렇지만 적어도 다른 길로 샐 가능성은 줄어든다.

사실 이런 구체적인 생각이나 노력을 하지 않더라도 많은 사람들이 자기도 모르게 상사들의 말과 행동을 따라 하게 마련이다. 즉 같은 공간에서 종일 얼굴 맞대고 같은 일을 하다 보면 자신의 의도와는 상관없이 상사의 말투나 행동, 가치까지도 공명을 일으킨다. 그러나 자신이 바라는 지위에 오른 상사나 임원들을 좀 더 구체적·계획적·적극적으로 벤치마킹한다면 꿈을 이루기가 한결 용이할 것이다.

이러한 방식은 개인뿐만 아니라 조직에도 적용할 수 있다. 어떤 회사는 그 업종에서 1등 회사를 열심히 따라 하기만 했다. 인사 관리, 조직 관리 기법, 마케팅 기법, 심지어는 조직명까지도 따라 했다. 물론 그러한 방식으로 1등을 차지할 수는 없었지만 2등까지 올라가는 데 성공했다. 본받을 만한 대상을 찾아 벤치마킹하는 것도 원하는 것을 어렵지 않게 얻어낼 수 있는 한 가지 방법이다. 이것이 이른바 '큰바위얼굴' 전략이다. 인생의 모델이 될 만한 사람의 말과 행동을 따라 하다 보면 스스로도 그렇게 변신하는 것이다.

그렇다고 하여 소신 없이 자신의 생각과 다른 상사들의 생각과 행동을 그대로 따라 할 필요까지는 없다. 어쨌든 인생의 주인은 자신이니까. 다만 그러한 사례들을 배우고 따라 할 것은 따라 하되 잘못된 방식은 자신이 개선하거나 한 단계 업그레이드한다면 개인이나 조직이 발전하는 계기가 되지 않을까 생각한다.

창조의 전신은 모방이고 벤치마킹이다. 관찰하고 배우다 보면 새로운 아이디어도 생기고 상사의 그것에 자신의 강점을 더 부가시켜 나간다면 새롭고 더 창조적인 업무 방식을 만들어낼 수 있을 것이다. 후배가 선배보다 나아져야 조직이 발전한다. 20년 전이나 지금이나 똑같은 방식이나 상품을 고수한다면 퇴보하거나 이미 망했을 것이다.

시대는 변한다. 과거 선배들이 한창 일할 때는 우리나라가 고도성장기에 있을 때며 경제도 개발도상국 정도의 수준이었지만 지금은 성숙기에다가 GNP 10위권의 선진국 대열에 접어들었다. 따라서 기업 경영에 필요한 관리 기법이나 프로세스도 현 상황에 적합하게 바꾸어야 하고 업종에 따라서는 글로벌화하거나 선진화해야 한다. 과거와 단절할 것들도 있을 것이다. 그래도 여전히 변함없이 요구되는 것은 조직에 대한 열정과 목표에 대한 근성 아닐까 싶다. 요컨대, 배울 것은 배우되 버릴 것은 버려야 한다는 점을 명심하라.

필자는 공군 인사장교로 4년간을 복무하고 삼성에 입사했다. 당시 군대는 부정부패가 상당히 심했고 사회 경험이 없던 당시의 필자는 군대나 관이 이렇다면 민간기업은 그 정도가 더 심할 것이라는 선입관을 가지고 입사했다. 그러나 삼성은 의외로 깨끗하고 의사결정 과정도 투명해 보였다. 그래서 신선한 충격을 받은 필자는 젊은 시절 품은 인사조직 컨설턴트나 인사 전문가가 되겠다는 꿈을 펼쳐갈 수 있었다.

자신이 꿈을 품으면 주위 사람들도 알게 모르게 인식하게 된다. 그리고 가능하면 도와주려고 노력한다. 필자가 입사할 무렵 삼성에는 신입 사원들을 무조건 현장에서 1~2년을 보내게 하고 그 결과를 보아 재배치한다는 인사 원칙이 있었다. 따라서 필자도 현장에 배치되는 것이 순리였지만 마침 인사부서에 자리가 하나 비었고, 충원을 고민하던 인사부서의 간부들이 필자가 인사 전문가가 되겠다고 입사 지원서에 쓴 것을 보고 신입 사원임에도 인사부서에 배치해줌으로써 그 꿈을 구체화할 수 있었다. 당시 인사 담당 임원이나 인사부장에게 귀여움도 많이 받았고 그분들의 정성 어린 육성과 지도 덕분에 체계적인 성장 궤도에 들어설 수 있었다.

목표 설정 **04**

최초 3년간은
초기 투자 기간이라고 생각하라

스스로 그만두지 않는다면 직장 생활을 짧아도 15년, 길면 25년 전후 동안 해야 한다. 그러니 초기 2~3년은 오랫동안 이어질 직장 생활을 성공적으로 할 수 있도록 투자하는 시기이자 배우는 시기라고 생각하는 것이 좋다. 사실이 그렇기도 하다. 대학에서 많은 것을 배우지만 사회에 나오면 많은 것이 달라지기 때문에 다시 배워야 할 것들이 많다.

그래서 기업은 신입 사원이 입사하면 짧게는 한 달, 길게는 1년까지 정신교육이나 직무교육에 적잖은 비용을 투자한다. 통상 기업의 인사부서에서 판단하기에는 신입 사원은 입사 후 3년까지는 자기 밥값을 제대로 못한다고 생각한다. 업무의 특성에 따라서

3~6개월 내에 다 익힐 수 있는 일도 없지는 않지만 대개는 주어진 일을 아무런 문제없이 혼자서 해결하는 데는 2~3년이 걸린다.

최근 기업들은 금방 익힐 수 있는 아주 단순한 일들은 아웃소싱 하거나 비정규직에게 맡기고 있다. 경쟁이 치열해져서 살아남기 위해 비용을 절감해야 하는 기업 입장에서는 어쩔 수 없는 선택이다. 따라서 기업은 정규 신입 사원이 들어오면 몇 년 후에는 중요하고 전문적인 일을 처리해주기를 기대한다. 그러니 정신 바짝 차리고 초기에 공부하지 않으면 기업이나 개인이나 모두 손해다.

입사 3년 차까지는 본인이 조직에 기여하는 것보다 급여가 더 많다. 기업 입장에서는 인재를 채용해 3년이 지나기까지는 미래를 위해 투자하는 시기인 셈이다. 마찬가지로 개인에게도 이 시기는 투자 시기다. 조직 생활을 하는 방법도 익히고 일도 배우며 좋은 관계를 맺고 조직이 원하고 조직이 발전해야 하는 방향도 깨우치고 알아야 한다. 그러니 공부하고 연구하고 준비해야 할 것이 태산같이 많다. 개인이나 기업이나 시작부터 이익을 남기려고 생각하면 오래가기가 힘들다.

이런 점은 장사의 이치와도 다르지 않다. 처음부터 이익을 남기려고 하면 길게 가지 못한다. 손님을 모으고 인정받고 소문날 때까지는 손해를 보면서 팔기도 한다. 직장 생활에서도 그런 정신이 필요하다. 초기의 작은 손실을 아까워해서는 큰 이익을 도모하기 어렵다.

>> 입사 시기별 성과/급여 비교 곡선

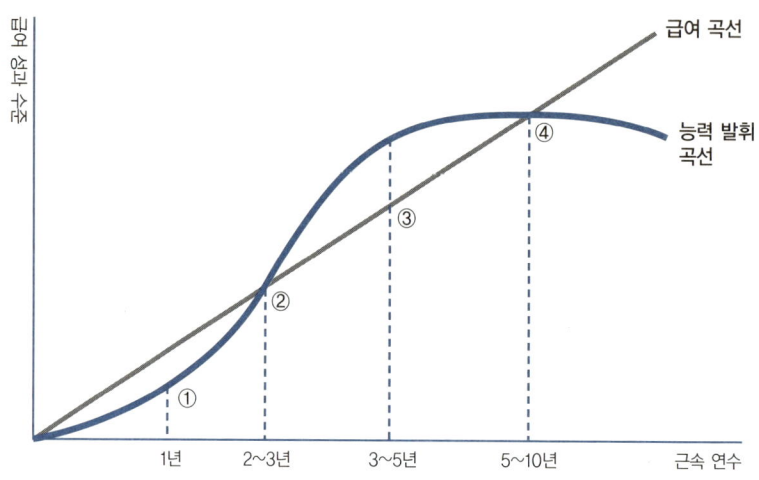

① 성과가 급여 곡선의 기울기와 같아지는 시점(평균 입사 1년 전 후)
② 성과가 급여 곡선을 상향 돌파하는 시점(평균 입사 2~3년 후)
③ 성과의 기울기가 급여 곡선을 하향하는 시점(평균 입사 3~5년 후)
 - 업무 성적이 최고치에 근접
④ 성과가 급여 곡선을 하향 돌파하는 시점(평균 입사 5~10년)
 - 성과는 최대로 발휘하나 꺾이기 시작하는 시점

중국집의 전략을 벤치마킹하라

소문난 중국집은 돈을 많이 번다. 또 어떤 요리가 일품이라는 소문도 난다. 이런 중국집의 경영 전략을 들은 적이 있다. 즉 누구나 자주 접하는 짜장면은 원가 또는 원가 이하로 싸게 팔고 탕수육이나 팔보채 등의 고급 요리에서 이익을 듬뿍 남기는 전략이다. 짜장면은 우리나라 국민이면 자주 접하는 음식이니 누구나 그 맛을 안다. 그래서 짜장면을 맛있게 만들어 싸게 팔면 그 집은 요리를 잘하는 집으로 소문나게 마련이다. 반면 동파육이나 팔보채, 라조기 같은 요리들은 상대적으로 먹을 기회가 적다. 그래서 일부 미식가들을 제외하고 대부분은 정확한 맛을 모른다. 짜장면이 맛있으면 그냥 다른 요리도 맛있을 것이라고 착각을 하게 된다. 이것이 이른 바 '수익지대The Profit Zone' 전략이다. 종합적으로 이익을 많이 남겨서 경영을 잘하는 것이 중요하지, 모든 상품에서 이익을 다 남길 필요는 없다는 전략이다. 할인마트 등에서도 이런 전략을 종종 사용한다. 미끼 상품이 바로 그런 것이다.

아무튼 조직에서는 신입 사원이 입사한 후 최소한 1년, 길면 3년 전후를 투자 시기로 본다. 이런저런 교육 기회도 제공하고 훈련의 기회도 준다. 이런 기회를 소중하게 생각해야 한다. 나중에 배우기는 어렵다. 신입 사원 시절에 일과 조직 생활에 대한 기초를 확실하게 다져놓아야 한다. 어차피 인생과 직장 생활은 사람들과의 관계 속에서 이루어지고 스스로 조금은 손해 보고 희생해야만 다른 동료나 상사들에게 호응과 신뢰를 더 일찍, 더 쉽게 얻을 수 있다.

직장 생활 초기부터 적금 들고 월급 받은 것을 전부 자신의 것이라 생각하면 나중이 쉽지 않다. 어느 정도는 배우는 수업료라 생각하여 밥값, 술값도 선배들에게 의존하지 말고 한두 번씩은 계산하는 게 좋다. 최근에는 더치페이를 하는 기업도 많아지고 있지만 대부분 기업의 선배들은 후배들과의 자리에서 후배에게 술값을 내도록 종용하는 일은 없다. 그러나 회사 비용으로 처리할 수 없는 자리라면 선배들에게만 모든 비용을 부담시키는 것은 적절치 않다. 가계를 책임진 가장이고 가정과 가족을 거느린 선배들보다 딸린 식구가 없는 신입 사원들의 가처분소득이 오히려 더 높다. 그래서 가끔은 눈치껏 후배가 계산하는 것을 좋아한다. 간혹 자존심 강한 선배들은 이렇게 후배가 계산하는 것을 나무라기도 하지만 대개는 투덜거리면서도 좋아한다. 1차는 선배가 샀다면 2차는 자신이 대접하겠다고 하는 것이 좋다. 계산도 요령껏 술자리 말미에 화장실 갔다 오면서 자연스럽게 하는 게 좋다. 선후배가 같이 나오면서 후배가 계산하는 것은 면이 서지 않는다며 싫어하는 선배들도 많다.

단지 술값을 계산할 때만이 아니라 직장 생활에서 발생하는 모든 상황에 같은 원리를 적용해야 한다. 업무도 신입 사원에게는 적게 주어지지만 자신의 일이 끝났다고 퇴근할 일이 아니라 주변 동료나 선배의 일도 도와주려고 노력해야 한다. 그러면 인간적인 친밀감이나 우호적인 관계를 형성할 수 있을 뿐만 아니라 주변 업무를 배울 수 있다. 모름지기 신입 사원이라면 스스로 수습 중인 보조 인력이나 서무라고 생각하고 커피를 타는 일부터 복사 같은 잡일, 심부름 등을 기꺼이 하는 것이 좋다. 그렇게 두루두루 구성원들에게 도움이 되는 약방의 감초 같은 존재가 되어야 우군이 많아진다.

어느 조직이나 새로운 사람이 들어오면 기존 구성원들은 어느 정도 긴장한다. 과연 이 친구가 우리에게 도움을 줄 사람인지 아니면 해가 될 사람인지를 판단하기 전까지는 서로 다소 어색한 시간이 흐른다. 마치 우리 몸에 좋은 균이 들어오더라도 초기에는 그 균이 몸속에 미칠 수도 있는 피해를 예방하고자 백혈구가 늘어나듯이 누군가 새로운 사람이 조직에 들어오면 당분간은 겉으로는 태연한 척 보이더라도 서로 관찰하는 시간이 있게 마련이다. 그래서 일단 조직을 위해 희생하는 모습을 보여줘야 한다. 상사나 선배, 동료가 일을 시키지 않더라도 먼저 나서서 궂은일을 처리하면 서서히 우리 편, 나의 친구로 생각하기 시작하고 좋은 평판이 만들어지기 시작한다.

어느 날 퇴근 무렵, 업무와 직접적인 상관이 없는 선배나 동료가 먼저 "김 형! 소주 한잔합시다"라고 제의한다면 우군으로 인식되었다고 볼 수 있다. 그 자리는 대개 이런 이야기들로 시작된다. "김 형! 며칠 지켜봤는데 조직 생활을 잘할 것 같아요", "앞으로 친하게 지냅시다". 이런 제안이 시작되었다면 자신에 대한 조직의 시선이 우호적이며 한두 명의 우군이 확보되었다고 판단해도 된다.

독서는 아주 효과적인 투자다

신입 사원 시절에 투자 개념으로 생각할 것 중에 하나가 책을 사서 보는 일이다. 책을 통해 지식과 경험을 배워야 할 시점이 따로 있는 것은 아니지만 신입 사원 시절에는 일부러 시간을 내서라도 책을 더 가까이해야 한다. "지식도 늙는다"는 말이 있다. 학교에서 배운 것으로 버틸 수 있는 기간은 길지 않다. 전혀 도움이 안 되는 경우도 허다하다. 그러나 책을 통하여 새로운 트렌드를 알고 자신의 영역이나 관련 영역에 대한 지식과 지혜를 익혀놓으면 언젠가는 쓰임새가 있다.

필자는 소득의 5퍼센트 전후는 늘 책을 사는 데 투자했다. 특히 맡은 일과 관련된 전문지식을 쌓고 미래에 활용할 수 있는 전문성을 확보하는 데 도움이 되는 책은 돈을 아끼지 않고 사들였다. 필자는 인사조직 관리 업무를 맡았기에 업무와 관련된 서적과 조직 관리에 도움이 되는 사례가 풍부한 역사소설, 인간의 본성과 욕구를 간접적으로 알아볼 수 있는 동물학 관련 저서 등을 매주 한 권 이상 구입했다. 일본이나 미국의 선진 경영 사례를 소개한 책이나 학자들의 경영 이론서도 많이 구입하여 읽었다.

요즘은 인문학이 대세다. 경영에 인문학의 원리를 원용해보겠다는 생각도 있겠지만 사고의 폭을 넓히고 행복한 삶과 정신적 여유를 누리기 위해서도 인문학이 꼭 필요하다. 또한 인문학 지식이 어느 정도 있어야 임원급이나 고위층과 대화할 때 원활하게 이야기를 나눌 수 있다.

책은 빌려 보는 것보다는 직접 사 보는 것이 낫다. 자신이 서점이나 인터넷을 뒤져서 읽어보고 싶은 책을 스스로 구입해야 그 투자 가치나 실익이 확실히 돌아온다. 요즘은 전자책도 많고 영상 정보들이 다양하게 제공되는 바람에 책 읽는 사람들이 많이 줄었다. 그렇지만 필자는 신입 사원이 아니라 하더라도 직장인이라면 한 달에 책 2~3권은 꼭 읽으라고 제안하고 싶다.

책은 영상물보다 각인 효과가 더 뛰어나다. 책을 읽을 때는 영상물을 볼 때보다 우리 뇌가 한두 번 더 수고해야 하기 때문이다. 영상물을 볼 때는 눈과 귀로 영상을 받아들여 바로 뇌로 전달하지만 글자로 된 책을 읽을 때는 눈으로 읽은 그 글자의 의미를 뇌에서 다시 생각해야 하므로 뇌 활동의 동선이 길어진다. 그래서 더 오랫동안 기억에 남는다. 반면에 동영상은 보고 바로 인식하지만 저장될 확률은 낮다. 그래서 한 번 본 영화를 다시 볼 때도 과거의 기억들이 많이 사라져서 새로운 영화처럼 느껴지기도 하는 것이다.

신입 사원 시절의 독서는 자신의 직무와 관련된 미래의 자산을 만드는 일이다. 그렇다고 너무 직무와 딱 맞는 것만을 고를 필요는 없다. 우리 두뇌는 응용력이나 융합 능력이 아주 뛰어난 컴퓨터라서 관련된 지식을 입력해놓으면 스스로 종합, 정리하여 필요할 때 제공해준다.

필자의 후배 중에 몇몇은 대리, 과장 시절 인사부서로 전입해 온 후 노무사 공부를 시작했다. 직무와 관련된 전문지식이 담긴 책들도 많이 구입하고 틈틈이 공부하여 3년 만에 노무사 자격을 취득했다. 회사는 업무상으로도 필요하고 직원 수가 일정 규모 이상이면 법적으로 노무사를 두게 되어 있기 때문에 그 후배들은 자격증

수당을 받았음은 물론이고 인사부서의 핵심 인재로 등재되었다. 뿐만 아니라 노조에서도 그 전문성을 인정하여 합리적인 노사협상을 하는 데도 도움이 되었다. 그 후배 중 한 명은 얼마 전에 퇴직하여 노무사 사무실을 개업했다고 들었다. 이렇듯 전문지식이나 자격은 퇴사 후 자신의 후반부 생활을 책임지는 역할도 한다. 따라서 어떤 분야든 자신의 전문성을 확보하기 위한 노력을 기울여야 더 단단한 인재가 될 수 있다.

이러한 투자에는 시간과 자금이 소요된다. 시간은 어찌할 수 있지만 결혼한 후에는 자금을 본인 마음대로 사용하기가 어렵다. 급여 전액을 배우자에게 전하고 용돈을 타서 쓰는 사람들은 이러한 투자(?)도 마님의 결재와 사전 승인을 받아야 할 수 있다. 이런 결재와 승인을 받는 것이 부담스러우면 투자가 망설여지기도 한다.

그래서 급여의 일정 부분은 사전에 협상을 통해 당분간은 자율적으로 사용할 수 있도록 정해두는 것이 좋다. 이렇게 자금 사용의 자율권을 확보해야만 업무상 필요한 투자가 가능하다. 월급을 전액 배우자에게 다 전달하고 난 후 다시 빼 쓰는 것은 말처럼 쉽지가 않다. 투자의 중요성을 설득해야 하고 결과도 보고해야 하기에 활동 자체가 위축되기 십상이다.

따라서 결혼 초기에 충분한 설득으로 투자 자금을 마련하는 것이 좋으며, 되도록 결혼 후 첫 급여를 전달하기 전에 협상을 하는 것이 좋다. 신혼의 달콤함에 빠져 한 달이라도 늦어버리면 향후에 설득을 해나가기는 굉장히 힘들 것이다. 설득이 어려우면 스튜어

트 다이아몬드Stuart Diamond 교수가 쓴 《어떻게 원하는 것을 얻는가》라는 책을 읽어보고 교훈이나 기법을 배워도 좋을 듯하다.

목표 설정 05

누구에게나 무조건 배운다는 자세로 1년을 지내라

아무리 훌륭한 대학을 나왔다고 하더라도 신입 사원의 직무 능력은 한계가 있다. 대학교육을 무시하는 것은 아니지만 전공과 관련된 업무를 한다 하더라도 금방 일을 잘하기는 무척 어렵다. 그래서 기업에서는 직무에 필요한 소양교육이나 직무교육을 꽤 오랫동안 시킨다. 신입 사원에게는 조직에 적응할 수 있는 자질과 자세를 함양하거나 일을 잘할 수 있는 방법을 알려주고, 수명受命과 보고 요령을 가르치는 등 조직 생활에 필요한 기초교육을 장기간 시킨다.

필자가 생각할 때 이러한 기업의 교육제도는 수혜 대상인 개인에게 기업이 제공하는 가장 큰 복지라고 생각한다. 이러한 교육을 만약 개인이 비용을 내고 받으려면 상당한 교육비를 지불해야 할 것이다. 회사의 필요에 따라 시행하는 교육이지만 한 사람이 장기간 조직 생활을 해나가는 데나 인생을 살아가는 데 아주 중요한 기초를 만들어주는 교육이다. 따라서 무조건 빠짐없이 참여하는 것이 이롭다.

부서 사정에 따라서는 신입 사원의 직무교육 등의 입과를 망설이는 관리자들도 있지만 장기간 잘 써먹으려면 시작 시점에 제대로 교육해야 한다. 신입 사원은 직무의 성격에 따라서 차이는 있지만 최소한 6개월에서 1년은 지나야 자신이 맡은 일을 대과 없이 처리해낼 수 있다. 물론 난해한 직무는 5년이 지나도 제대로 수행하기 어려운 경우도 있다. 아무튼 신입 사원 1년은 무조건 배운다는 자세로 임하는 것이 바람직하기도 하고 현실적으로도 합당하다.

이러한 신입 사원을 위하여 OJT$^{on\ the\ job\ training}$ 제도를 운영하는 회사가 많다. 신입 사원에게 배당되는 업무와 유관한 적당한 대리급 선배를 지정하여 신입 사원의 업무나 직장 생활, 태도나 자세 등을 지도하도록 하는 제도다.

필자도 이런 선배를 잘 만나서 한동안 좋은 지도를 받은 경험이 있다. 조직에 아는 사람이 아무도 없는 신입 사원 시절에는 함께 점심을 먹을 상대도 마땅치 않다. 그 부서에서 공식적으로 식사를 같이 하면 좋은데 이런 기회는 아주 제한적이다. 따라서 신입 사원은 혼자 식사하러 가거나 누군가와 같이 가야 하는데 신입 사원이 먼저 식사하러 가자는 요청을 하는 것도 쉽지 않다. OJT 지도 사원은 이런 경우 신입 사원들을 대동하고 같이 식사하거나 다른 부서 선배들을 소개해주기도 하고 직장 생활의 지혜를 이런저런 방법으로 전수하기도 한다.

이런 선배들을 열심히 잘 따르며 좋은 인간관계를 형성하는 것도 1년을 잘 보내는 방법 중 하나다. 직장 생활에서는 얼마나 같은 일을 오래했는지가 실력을 판단하는 척도가 되기도 한다. 어느 정도 기간까지는 경력이 능력과 정비례한다. 특히 한 5년까지는 재직 기간이 바로 직무 능력의 수준이라고 보아도 무관하다. 물론 끊임없이 공부하지 않으면 경력 연수로 버티는 데도 한계가 있다. 다만 신입 사원의 입장에서는 모두가 선배이므로 모두에게 배울 것이 있다. 알면 별것 아니지만 모를 때는 모든 것이 어렵다.

필자가 신입 사원으로 입사하여 인사부서에서 일할 때 여직원에게도 많은 도움과 교육을 받았다. 고졸 여사원이라 해도 직무 지식이나 경험이 훨씬 더 많기에 신입 사원은 배운다는 자세로 그분들을 모셔야 한다. 대졸이라고 하여 그들을 무시해서는 절대로 안 된다. 실제로 입사 초기 몇 년 동안은 그들에게 배운다는 자세로 임하지 않으면 직장 생활에 필요한 지식을 몸에 익히는 데 상당히 많은 시간이 소요된다. 아울러 그들에게 배운다는 자세로 다가가면 더 많은 것을 가르쳐주고 업무를 도와주지만 그러지 않으면 그들에게 우호적인 도움을 바랄 수 없을 뿐만 아니라 업무를 원활하게 진행하거나 완결하기 어려운 경우도 많다.

진심으로 도움을 청하라. 그러면 길이 열린다. 자신을 가장 낮은 곳으로 내려놓는 것은 신입 사원이 갖춰야 할 가장 중요한 자세 중 하나다. 대학까지 공부할 때는 가정이나 친족들 사이에서 귀하디귀한 존재였을 수도 있지만 조직에 신입 사원으로 들어온 순간부터는 스스로를 낮춰서 배움의 자세를 취하는 것이 필요한 지식과 경험을 조기에 갖추고 자신의 능력을 발휘할 수 있는 여건을 만드는 가장 쉬운 길임을 명심하라.

"바다가 강보다 크고 깊고 넓은 이유는 바로 강보다 낮기 때문"이라는 명언이 있다. 스스로를 낮추면 모든 강물(정보나 사랑)이 흘러 들어온다. 신입 사원이야말로 조직 입장에서는 객관적으로 보아 가장 낮은 존재임이 분명한데 배우는 자세로 스스로를 낮추지 않는다면 강은커녕 실개천을 채울 수 있는 물(정보나 지식, 애정)도 흘러오지 않음을 자각해야 한다.

아울러 타인의 경계심을 푸는 가장 좋은 방법 중 하나는 자신의 약점을 보여주는 것이다. 결정적인 약점은 있어서도, 보여줘서도 안 되겠지만 웬만한 인간적인 약점은 알려주고 드러내는 것이 오히려 자신에 대한 경계심을 푸는 방법이다. 또 남자들은 목욕을 같이 하거나 술을 한잔 해보아야 서로 친해진다는 말이 있다. 발가벗고 자신의 나신을 드러내거나 술 한잔하면서 인간적인 고민이나 생각을 나누는 것이 바로 이러한 약점을 공유하는 한 가지 방법이다. 인간은 누구나 강점과 약점이 있다. 신입 사원의 가장 큰 약점은 조직도, 사람도, 일도 잘 모른다는 것이다. 이러한 약점을 드러내면서 잘 가르쳐달라고 머리를 숙이면 웬만한 선배라면 도와주고 싶은 것이 인지상정이다. 그러면서 서로 필요한 장점을 공유하고 한식구가 되어가는 것이다.

서로에게 약점을 노출하는 것은 관계를 악화시키는 것이 아니라 인간적으로 보여 더 친해질 수 있는 계기가 된다. 선배든 상사든 동료든, 신입 사원이라는 새로운 세포가 조직 내에 들어오면 경계심을 가지고 지켜보는 것이 일반적이다. 배우는 자세로 묻고 또 가르침에 감사함을 표현하는 것이 혼자서 잘난 체하는 것보다 훨씬 더 빨리 동료들의 마음을 열어가는 비결이다.

"아는 길도 물어서 가라"는 말이 있듯이 매사 튼튼하기 위해서는 선배나 동료에게 도움을 청하고 배우는 자세로, 가끔은 수업료(?)로 술도 한번씩 대접하면 관계가 더욱 매끄러워진다. 아무리 훌륭한 생각을 가슴과 머리에 품고 있다 하더라도 신입 사원 시절에는 배우는 자세로 그들의 생각과 행동을 한동안은 비판 없이 따라 가 보는 것도 좋다.

공자님이 《논어》에서 설파한 명언 중 "삼인행三人行이면 필유아사必有我師"라는 한문 어귀가 있다. 즉 세 사람이 걸어가면 그중에 반드시 스승으로 삼을 사람이 있다는 이야기다. 필자는 그런 자구적인 해석을 넘어 '세 사람이 있으면 모두에게 다 배울 점이 있다'고 해석하고 싶다. 좋은 모범을 보여주는 스승이면 배워서 그대로 따르면 될 것이고 나쁜 모습을 본다면 닮지 않도록 노력하면 된다. 좋은 점이 있는 분도 스승이지만 나쁜 점이 있는 분도 스승이 될 수 있다. 나쁜 성향이나 자질이 어떤 문제를 야기하는지를 그 선배들이 보여주기에 신입 사원 입장에서는 자신이 그런 실수를 하지 않도록 경계하게 하는 교훈을 주니 그도 고마운 스승인 것이다.

사람이 다 비슷비슷한 것 같아도 자세히 관찰해보면 모두가 다 개성과 독특한 성격을 지니고 있다. 이런 분석을 통하여 배울 것과 버릴 것을 판단하고 자기 생활이나 언행에 반영하여 실천할 수 있다면 우리와 같이하는 모든 사람들이 나의 스승이다.

목표 설정 **06**

내가 하는 일을
좋아해야 성공한다

인간은 누구나 자신이 하고 싶은 일, 자신이 잘하는 일을 하며 살고 싶을 것이다. 그런 면에서 필자는 가수 송창식 씨를 부러워한다. 송창식 씨는 음악을 좋아한다. 노래 부를 때의 표정을 보면 음악에 대한 열정과 애정이 고스란히 드러난다. 그리고 아시다시피 과거 유행가를 불러 수십 곡을 히트시키기도 할 정도로 음악에 재능이 있다. 자신이 좋아하는 일(음악), 자신이 잘하는 일(노래)을 직업으로 삼고 살아왔으니, 인생을 살면서 이러한 행운이 어디 있을까.

보통 사람들은 자신이 하고 싶은 일과 지금 하는 일이 다르다고 말한다. 자신의 적성과 기호에 맞는 일을 하면서 인생을 사는 사람은 드물다. 회사에 입사한 지 얼마 되지 않은 신입 사원들이 하소연하는 것을 들어보면 업무가 자신의 적성에 맞지 않는다는 이야기가 가장 많다. 자신의 적성을 정확히 파악하고 자신의 적성에 적합한 일을 하는 것은 행운이다. 누구나 그런 상황을 원하지만 직장인 가운데 그런 사람들은 흔하지 않다.

경영학을 공부한 사람이 경영관리 업무에 배치되었다고 치자. 일단은 전공과 합당하니 적성에 맞아야겠지만 신입 사원이 경영관리 분야에서 할 수 있는 일이란 서무나 단순 통계 등 보조적인 일에 불과하다. 회사 경영과는 아무 상관이 없을 듯한 일을 한다. 2~3년이 경과하면 경영관리의 언저리 직무가 주어지긴 하지만 신입 사원에게 회사 경영과 관리를 맡길 수는 없다. 그렇다고 해서 내 적성에 맞지 않는다고 생각한다면 적성에 맞는 일을 찾는 일은 현실적으로는 요원하다.

또한 생존과 성장을 추구하는 기업에서 적성에 맞는 직무를 찾는 것은 정말 어렵다. 따라서 내가 맡은 직무에 애정과 열정을 쏟는 것이 현실적으로 적성을 찾아가는 가장 좋은 방법이다. 즉 내가 하는 일에 내 적성을 맞추면 된다. 인간은 무궁무진한 잠재력이 있기에 웬만한 일은 전공을 하지 않아도 노력과 열정만으로도 잘할 수 있다. 적성 타령만 하고 있으면 경쟁자들은 나를 앞질러 가게 마련이다. 맡은 직무에 최선을 다하는 자세야말로 가장 좋은 처신술이다.

회사에서 경영자로 성장하거나 임원으로 진급한 사람들은 대부분 자신의 전공과 무관한 일을 한 분들이다. 물론 자신의 전공과 적성에 맞는 일을 하며 빛나는 업적을 낸 분도 있지만 그 반대의 경우가 훨씬 더 많다.

회사가 발령을 낼 때는 되도록 적성에 맞추려고 할 것이다. 그것이 이른바 '적재적소' 인사라는 개념이다. 그러나 입사한 인력과 회사 업무 포스트가 딱 매치되기는 매우 어렵다. 동일한 전공을 한 선배들이 이미 배치되어 일하고 있는 경우도 있을 것이고 어떤 직무는 전공자가 전혀 없는 경우도 발생한다. 아울러 입사 초기에 2~3년은 적성에 맞는 일을 찾았다 하더라도 인사이동과 순환배치, 경력관리제도로 인하여 뒤섞이게 마련이라 자기 적성만을 찾아서 일한다는 것은 일부 전문직을 제외하고는 현실적으로는 무리인 것이다.

필자가 인사부장으로 재직 시에 일을 잘하는 사람들의 특성을 조사한 적이 있다. 약 5년 치의 입사 후 근무 성적과 전공/학교/성격/혈액형/신장/종교 등 20여 가지의 개인적인 특성을 비교하여 어느 정도 상관관계가 있는지를 조사했다. 예를 들면 상경계 학과를 전공하면 경영관리나 기획, 마케팅 등의 관련 업무에서 아무래도 더 좋은 성과를 낼 것이라는 가설을 바탕으로 조사를 시작했다.

하지만 결과는 참으로 엉뚱했다. 전공과 업무 성과는 아무런 상관관계가 없었다. 일부 전공과목은 약간의 상관관계를 나타냈지만 대부분은 4년간 전공한 과와 유사 직무를 부여한다 해도 그 결과는 전혀 무관한 과를 졸업한 사람과 차이가 나지 않았다. 즉 업무에 대한 적성은 발견할 수 없었다. 아주 전문적인 업무로 들어가면 상관관계가 나타날지 몰라도 대부분 기업체에서 일에 대한 적성은 전공(또는 본인이 생각하는 적성)과는 무관했다.

조사 중에 뜻밖의 결과를 한 가지 더 발견했다. 사교적이고 인간관계가 원만하며 외향적인 사람이 영업이나 대면 활동에 적성이 맞아서 내성적인 사람보다 더 좋은 성과를 낼 것이라고 생각하는 것이 상식인데, 조사 결과는 정반대였다. 오히려 사교적이지 않고 내성적인 사람이 영업 성과가 더 좋았다. 한동안 '왜 그럴까?' 궁금하기도 하고 의외의 결과에 당황하기도 했다. 그러나 곰곰이 생각해보니 그 사유를 짐작할 수 있었다.

보험 영업이란 눈에 보이는 상품이 아닌 무형의 상품을 파는 일이다. 설계사나 대리점 등 영업직원의 집요한 방문과 끈질긴 설명이 없이는 고객이 상품 내용을 알아듣지도 못하고 정상적인 판매가 불가능하다. 즉 한두 번 접촉에는 사교적이고 외향적인 사람이 유리하나 5~6번의 긴 만남을 이어가려면 스트레스를 참고 끈질기게 물고 늘어지는 근성이 있어야 고객을 설득하여 보험 계약으로 연결할 수 있는 것이다. 사교성이 있는 사람은 사람과 만나는 일이 쉽고 자신이 있기 때문에 한두 번 접촉해보고 설득이 안 되거나 거절당하면 다른 고객으로 옮겨 가버린다. 그러나 보험 영업은 한두 번의 만남으로 성사되기 어려워 이러한 성향이 오히려 불리한 특성이 되는 셈이다.

결론적으로 본다면 조직에서 성과를 일구어내는 것은 직무에 대한 적성이라기보다는 자신이 조직과 일에 투여하는 열정과 태도라고 판단할 수밖에 없다. 따라서 내 적성과 맞지 않은 직무라고 하여 포기할 필요가 없는 것이다. 더 분석해보니 한 가지 일을 잘하는 사람은 그 성격이 전혀 다른 직무에서도 발군의 실력을 나타냈다.

이러한 조사 결과는 직무 적성보다는 조직 적합성, 개인의 인성이 성과와 상관관계가 더 높다는 것을 보여준다. 따라서 적성이 안 맞는다고 하소연하는 것은 밖으로 표출된 사유일 뿐이며 실제로 적성과 업무 성과는 아무런 상관이 없다는 결론을 내릴 수밖에 없었다. 모름지기 신입 사원이라면 일단은 자신이 맡은 업무를 천직이라 생각하고 몰입하여 열정을 바쳐야 한다. 그러다 보면 없던 적성도 생겨나고 조직 적응력도 높일 수 있다.

한편 기업은 적성과 전문 분야가 정해져 버린 인재를 생각보다는 그다지 존중하지 않는다. 우선 회사의 필요대로 인사이동을 시킬 수 없는 제한적 자원이라는 점이 그 자원의 중요성을 반감시킨다. 회사 입장에서는 언제든지 조직이 필요하면 필요한 시기에 이동시켜 쓸 수 있는 자원이 제일 좋다. 그렇다 보니 전문성을 인정받는 인재들의 일자리는 제한적이고 회사에서 임원으로 성장하기에도 한계가 있다. 두루두루 쓸 수 있는 자원이 승진 기회도 많고 발전할 수 있는 기회도 훨씬 더 많고 유리하다.

필자가 경험한 적성을 제대로 찾은 인재들 가운데 임원으로 승진한 사람은 드물었다. 사원 시절에는 훌륭한 인재였으나 점점 더 그 성향이 고정되고 그 직무에 한해서만 필요성을 검증받다 보니 회사에서 필요로 하는 다른 부서에 배치될 가능성이 적다. 그렇다 보니 임원으로 승진하는 경우도 아주 제한적이었다. 마치 군대에서 보병 병과는 아무 곳이나 유사 직무에 배치할 수 있지만 특수 병과는 배치할 수 있는 직무가 제한적이고 장군의 숫자도 한 명이나 아예 없는 경우가 많은 것과 유사하다.

따라서 신입 사원이라면 적성 타령을 할 것이 아니라 자신이 맡은 업무를 사랑하고 애정을 가지려고 노력해야 한다. 하기 싫은 일, 적성에 안 맞는 일을 하고 있다는 생각으로 일을 하다 보면 업무에 전념하지 못해 실수도 하고 재미도 없다. 이런 실수를 자주 하거나 성과가 부진하면 자신의 노력이나 열정이 부족하다고 생각하지 않고 적성 탓으로 돌리기도 한다.

그러나 앞에서 설명했듯이 신입 사원에게 적성은 별로 중요하지 않다. 전공과 업무가 상관관계가 높다 하여 성과가 좋은 것이 아니라 대부분은 본인이 그 일에 얼마나 정성을 쏟아붓느냐에 따라 성과가 달라진다. 매사에 긍정적으로 스스로를 채근하며 적성에 맞는 일을 한다고 최면을 걸고 매진한다면 새로운 적성이 생기게 마련이다.

'뭐든지 맡겨달라. 언제든지 최선을 다하여 매진하겠다'는 자세가 성공으로 이끄는 견인차 역할을 한다. 이런 일은 싫어하고 저런 일은 좋아한다고 정평이 나기 시작하면 인사가 매우 제한적인 대상이 된다. 조직 입장에서는 어떤 일이든 맡길 수 있는 인재가 훨씬 더 유용하고, 당연히 인재로서 성장할 기회가 많아진다는 사실을 명심하자.

목표 설정 07

성과는 자신이 투자한
시간과 열정에 비례한다

과거에 직장 생활을 한 선배들은 일을 인생의 전부인 양 생각했다. 퇴직할 때 생각보다 퇴직금이 적으면 "인생의 전부를 바쳤는데 이런 대우를 하느냐?"고 하소연하는 사람도 많았다. 필자가 사원, 대리 시절이던 1980년대에는 사무실에서 짜장면이나 만두에 소주 한잔으로 저녁을 때우며 일에 열중했고 9~10시에 업무가 끝나면 회사 근처의 선술집을 들렸다가 12시 넘어서 귀가하는 일이 잦았다. 당시는 경제개발이 한창이라 모든 산업이 활기를 띠었고 할 일이 태산 같았다. 국가경제가 확장일로를 달리던 시대라 손이 열 개라도 부족하기도 했다.

당시에는 토요일은 물론 일요일도 가족과 집에서 보내는 날이

손꼽을 정도로 적었다. 당시에는 모두가 당연한 일로 여겼다. 아직도 기억나는 일이 있는데, 토요일 11시경에 사장이 호출하여 사장실로 올라갔다. 어려운 숙제를 주면서 월요일 아침에 보고하라는 것이었다. 퇴근 시각을 한 시간 남겨두고서 말이다. 일요일에 나와서 하지 않으면 안 되는 일이었지만 그렇다고 불평 한마디 하는 사람도 없었다. 그 시절에는 모두가 휴일 없이 일했고, 그것을 당연한 것으로 여겼다.

그러나 지금은 시대가 많이 바뀌었다. 그간 선배들의 노력으로 조직과 업무관리 체제도 거의 틀이 잡혔고 경제도 성숙 또는 정체 상태라 일이 그렇게 많지도 않다. 지금은 휴일에 출근하면 휴일근무수당을 챙겨서 주겠다고 해도 집에서 가족과 쉬겠다는 사람들이 대부분일 것이다. 다만 아무리 상황이 바뀌었다 해도 조직 입장에서는 자신의 시간과 열정을 회사에 바치는 사람을 더 높이 살 것은 인지상정이다. 대부분이 가정과 개인 시간을 소중히 생각하는 시대다 보니, 보통 사람들과는 달리 조직에 헌신적인 사람이 예전보다 더 높은 평가를 받는다.

일뿐만 아니다. 크고 작은 경조사도 많고 회사 행사도 적지 않다. 필자는 직장 생활을 할 때 봉사활동을 하러 남산순환도로를 달리기도 하고 조문을 위해 400킬로를 달려가는 경우도 많았다. 그런 때도 당시 선배들은 불평 한마디 없이 달려갔고 그래서 끈끈한 조직력을 만들어갔다. 물론 경조사 같은 업무 외 행사에 반드시 참여해야 하는 것은 아니다. 그러나 직장에서 꼭 성공하고 싶거나 임원이 되고자 하는 사람에게는 이러한 행사가 조직이나 사람에 대한 애정과 열정을 보여주는 좋은 기회일 수도 있다. 다른 사람들이 꺼려하는 장거리를 이동해야 하는 경조사에 참석하여 위로와 조문을 한다면 그 사람을 다시 볼 것이다.

한번은 어떤 분의 할머니가 돌아가셔서 서울에서 300킬로 이상 떨어진 전라남도의 외딴 지역에 조문을 하러 간 적이 있다. 요즘에는 조모 상에는 부조금만 보내거나 못 본 체하는 것이 보통일 것이다. 그러나 당시 필자는 멘토로 모시던 선배가 채근하는 바람에 밤 9시에 서울을 출발해서 새벽 1시 넘어 상가에 도착하여 문상하고 밤을 새워 올라온 적이 있다. 선배의 요청이 있었지만 그분을 잘 모르는 필자 입장에서는 좀 어색한 문상이기도 했다.

조모 상 문상은 당시에도 아주 친한 사람이 아니면 하기 어려운 일이었다. 사실 그전에는 별로 친하지 않던 분이었지만 그 일 이후 그분은 필자의 팬이 되었다. 자신을 정말 좋아하는 후배라고 여겼고 만날 때마다 그 일을 고마워했다. 나중에 최고경영자가 된 그분은 자연스럽게 필자를 중용하게 되었다. 그렇다. 상대방의 기대를 넘어서야 상대방에게 감동을 줄 수 있다. 어차피 조직에 몸담고 성공을 꿈꾸는 사람이면 이 정도 수고는 감당할 각오가 되어 있어야 한다.

필자는 입사한 첫날 외박을 했다. 필자의 OJT 지도사원이었던 선배가 혼자 서울에서 기숙하는 필자를 애처롭게 생각해 밤새 환영 파티를 열어주었고, 필자는 시간이 너무 늦어 새벽에 어느 선배

집에 가서 잤다. 다음 날이 휴일이라 그 집에서 늘어지게 자고 난 후 결혼하여 가족들이 있는 선배 집을 미안해하며 나왔는데, 아직까지도 서로 연락을 주고받고 도움을 주는 끈끈한 사이가 되었다. 당시 몸을 빼고 일찍 집에 갔다면 지금과 같이 서로 공동체의식이나 동류의식을 느끼는 관계는 되지 못했을 것이다.

직장에 들어왔다면 자신의 생각과 가치보다 조직의 공동체의식이나 행사, 모임을 더 중시하는 게 여러 가지로 본인의 직장 생활에 도움이 된다. 눈앞의 이익이나 편리를 탐하다가는 구성원들의 눈 밖에 나고 조직 생활의 재미도 줄어들 것이다. 사람이 재산이라는 말이 있다. 자신을 이해하고 동고동락할 수 있는 진정한 친구 몇 명이라도 있어야 인생을 잘 사는 것이라는 격언도 있다. 자신의 이익만 계산하고 행동한다면 이러한 진정한 친구를 얻기는 어렵다. 작은 양보나 희생이 나중에 인생의 큰 보물창고로 돌아옴을 신입 사원 시절에 마음에 새겨놓아야 한다.

필자가 경제연구소에 근무할 때 아내가 36세의 늦은 나이에 대학 약학과에 진학했다. 당시 아내는 가사와 학업, 육아를 병행해야 하는 바쁜 몸인지라 다소 시간적 여유가 있던 필자가 퇴근 후에 이것저것 도와주곤 했다. 그중 한 가지가 '병리학' 관련 원서를 대신 번역해준 것이다. 문과 계통을 전공한 필자에게 '이학 계통'의 학문은 다소 생소했다. 그렇지만 지금도 기억나는 내용이 있으니, '감기균이 어떻게 우리 몸에 들어와서 감염을 일으키고, 각종 감기약들은 어떻게 감기균을 물리치는지'를 설명한 부분이었다.

그냥 아내 숙제를 대신 해준 것뿐인데 생각지도 않게 나중에 필자가 일하는 데 큰 도움이 되었다. 즉 인간의 심리, 본성과 특질, 욕구를 연구하고 강의, 컨설팅하는 데 생물체의 본능과 욕구에 대한 지식이 큰 도움이 되었다. 당시 아내의 숙제를 대신 번역해주면서 알게 된 감기균 사례 덕분에 생물체들의 생존과 증식 본능을 쉽고 재미있게 설명할 수 있었다. 필자는 이 일로 이유 달지 말고 도와주다 보면 결과적으로 본인에게 뜻밖의 도움이 되돌아옴을 절감했다.

조건 없이 도움을 준다면 필요할 때 큰 도움이 된다는 점을 명심하라. 일일이 이해득실을 따져서 일을 할 것이 아니라 아무런 의도 없이 순수한 마음으로 도와주면 감동도 더 진하고 나중에 의외의 갚음으로 '복'이 되어 다시 돌아온다. 직장 생활에서는 언제 어떤 일이 일어날지 아무도 모른다. 그래서 이것저것 너무 따지고 계산하지 말고 자신이 감당할 수 있다면 최선을 다하여 베풀고 투자하자.

자기관리

01 지금까지의 수동적인 생활에서 벗어나
   주도적인 성향으로 재빨리 변신하라
02 새벽형(아침형) 인간이 되어라
03 10분은 없는 시간이라 생각하고 먼저 준비하라
04 어느 정도의 스트레스는 당연하게 받아들이고 즐겨라
05 건강을 증진할 자기만의 비법을 개발하고 습관화하라
06 업무와 직접 관련이 없는 자기계발은 한두 해 늦게 시작하라
07 손에서 책을 놓지 마라
08 하나 이상의 신문을 매일 읽어라
09 하루의 일상생활을 시스템화하라
10 주말과 휴일도 목표와 계획을 세워 의미 있게 보내라

자기관리 01

지금까지의 수동적인 생활에서 벗어나 주도적인 성향으로 재빨리 변신하라

학생에서 직장인이 되면 여러 가지를 바꾸어야 한다. 학생은 지각도 결강도 큰 문제가 안 되고 용서받을 수 있으며 일정 수준의 학점을 따면 진급도 졸업도 가능하지만 기업에 몸담은 조직인에게는 그런 것들이 용납되지 않는다. 학생일 때는 개인적인 일이 있으면 하루 쉬면서 친구에게 부탁하여 대리 출석을 할 수 있고 누가 뭐라 야단치지도 않는다. 그렇지만 기업에 입사한 사람은 조직의 원칙이나 규범을 따라야 하며 그러지 않으면 불이익이나 불신을 받게 된다.

학교는 평균 3~4년이면 졸업하지만 보통의 직장인은 평균 10년 이상 한 조직의 구성원으로 근무하게 된다. 다니던 회사를 그만두고 다른 조직으로 옮기면 그 꼬리표가 떨어질 것 같지만 실제론 잘 떨어지지 않는다. 왜냐하면 한국 사회는 매우 좁아서 세 사람만 건너뛰면 다 아는 사람이고, 또한 사람의 습성은 잘 바뀌지 않으므로 유사한 잘못을 새로운 조직에서도 저지를 가능성이 높기 때문이다. 당연히 그런 부정적인 정보를 아는 기업은 채용을 주저하게 된다.

나를 챙겨줄 사람은 자신 말고는 아무도 없다

어릴 적이나 학창 시절에는 부모님이나 선생님이 알게 모르게 자신을 챙겨주고 거기에 의존하게 된다. 그러나 성인이 되어 회사 생활을 하면서는 누구에게도 기댈 수 없다. 상사나 선배들이 업무 지도는 해도 생활 지도까지는 하지 않는다. 그래서 작은 실수나 오류를 다시 수정하거나 용서받기가 용이치 않다.

그래서 직장 생활에서 성공하려면 본인이 원하든 아니든 자립성과 자율성이 반드시 필요하다. 학창 시절에는 스스로 일어나지 못하고 늦잠을 자더라도 깨워서 학교에 보내주는 부모님이 계셨다. 작은 잘못은 약간의 꾸중만으로 용서받을 수도 있었다. 그러나 요즘 직장 생활에서는 크게 야단치지는 않지만 냉정한 평가가 기다린다. 이러한 부정적인 평가가 쌓이면 괄목할 만한 성장을 해 나가기는 어렵다.

사실 아침 일찍 스스로 일어나지 못하는 사람에게는 출근이 참으로 힘든 스트레스일 수 있다. 필자가 아는 후배 하나는 50살이다 되어가는데도 부인이 깨워야 일어난다. 그것도 한두 번으로는 잘 일어나지 않는다. 서너 번은 들락거리며 짜증을 확 내야 겨우 일어나곤 한다. 부인 입장에서는 아침 시간은 그야말로 전쟁이다. 아이들, 남편 깨워야지, 아침 식사 준비해야지, 아이들 옷과 학교 준비물 챙겨야지…….

 이렇게 기상을 잘 못하는 경우 아침 시간에 정신없이 바쁘게 마련이다. 세수하고 밥도 먹어야 하고 화장실도 가야 한다. 그러다 보면 한두 가지는 반드시 실수하거나 놓치는 일이 발생한다. 일은 여유가 없을 때 더 꼬이게 마련이다. 실수를 줄이고 생활을 선순환으로 돌리려면 하루하루 자신의 생활을 반성하고 되씹어보며 잘못은 즉시 수정하고 바로잡아가야 한다.

 사무실에서 일할 때도 잘못된 느낌이 들면 즉시 선배나 동료에게 사과를 하거나 잘못을 물어보고 확인하는 것이 좋다. 신입 사원 시절에는 자신은 모르지만 잘못하는 경우도 적지 않다. 이런 경우 물어보지도 않고 실수나 잘못을 계속하면 성공하기 어렵다. 선배들은 한두 번은 지켜본다. 그러다 계속되면 지적이나 야단을 친다. 이렇게 야단맞기 전에 먼저 잘못을 확인하고 용서를 구하는 것이 문제를 최소화하는 방법이다. 신입 사원 시절에 일이나 생활 태도를 잘못 배우거나 잘못된 습성을 익히면 꽤나 고치기 어렵다. 입사 초기에 좋은 습관을 들이는 것이 무엇보다도 신입 사원이 할 일 중에 으뜸이다.

 누구나 실수를 할 수 있다. 특히나 신입 사원 시절에는 당연한 것일지도 모른다. 스스로 고쳐나가는 것이 바람직하겠지만 잘못을 모르는 경우도 있으므로 선배에게 정기적으로 자신의 잘못과 고쳐야 할 점을 지적해달라고 요청하는 것도 좋은 방법이다. 그러면서 선배들과 친해지고 자연스럽게 멘토로 삼는다면 서로에게 유익할 것이다.

　필자가 아는 후배들은 필자를 멘토라고 이야기하는 사람이 많다. 이런 이야기를 들으면 우선 그 후배를 미워하거나 심하게 나무라기가 힘들다. 상사들도 인간인 이상 자신을 따르고 존경해주는 후배를 좋아하게 마련이다. 그런 경우 평가를 비롯한 업무 OJT, 생활지도 등 모든 면에서 진심으로 제대로 가르쳐주고 자신만의 비법도 전수해주게 마련이다.

자기관리 02

새벽형(아침형) 인간이 되어라

아침에 일어나면 얼른 회사로 달려가고 싶은 사람은 극소수에 불과할 것이다. 그러나 조직에 들어와서 성공을 꿈꾸는 사람은 그래야 한다. 아침에 일찍 출근하여 미리 업무를 준비하고 공통 업무를 먼저 챙기는 사람은 누가 보더라도 예쁘다.

기업마다 정해진 출퇴근 시각이 있지만 그것은 그냥 최소한의 룰에 불과하다고 생각하라. 이런 룰을 어기면 야단맞고 부정적인 평가를 받지만, 일찍 출근하는 것은 여러 가지로 좋은 평가의 시작이 된다. CEO들 중에 늦게 출근하는 사람은 거의 없다. 제대로 일을 챙기는 경영자는 늘 남보다 먼저 출근한다. 이러한 습관은 신입사원 때부터 길을 들여야 지키기가 쉽다.

남보다 실력이 월등하다면 모르지만 비슷한 상태에서는 더 많은 시간을 회사에 투자하는 것이 성공할 가능성을 훨씬 더 높인다. 상사에게도 긍정적인 평가를 받고 일하는 데도 훨씬 더 유리하다. 필자는 직장 생활 시절이나 지금이나 아침 5시에는 기상한다. 그래서 여유롭게 개인 용무도 보고 아침 식사도 거르지 않고 먹으며 회사에도 일찍 출근할 수 있었다.

주변을 둘러보면 늦게 일어나서 헐레벌떡 출근하여 회사 화장실에서 용무를 보고 아침도 회사 주변에서 해결하는 사람도 적지 않다. 상사들이나 임원들에게 이런 모습을 여러 번 보이면 그 사람에 대한 부정적인 평판이 형성된다.

일반적인 기업의 경우 오전 8~9시경에 출근하도록 되어 있다. 모름지기 신입 사원이라면 기존 선배들보다 최소한 30분은 먼저 출근해야 한다. 그래야 근면하고 준비된 직장인으로 자리매김할 수 있다. 아침에 일찍 출근하는 사람에게는 기회도 많다. 전날 발생한 예기치 않은 과제를 해결할 기회도 생기고 사장과 엘리베이터를 같이 타고 올라가며 대화를 나눌 기회도 생긴다. 일찍 출근하여 업무 준비도 하고 어제 마무리하지 못한 잡무도 처리하고 그래도 시간이 남으면 커피 한잔하면서 오늘 할 일을 생각해보는 여유를 갖자. 그런 적극성과 준비성이 회사의 핵심 인재로 올라설 수 있는 가능성을 높인다.

다만 새벽형 인간이 되려면 몇 가지 전제조건이 있다. 우선 일찍 잠자리에 들어야 한다. 아무리 늦어도 밤 12시 전에는 잠자리에 들어야 필요한 수면을 취하고 건강을 해치지 않는다. 새벽 2~3시까지 늦은 회식이나 음주를 하고 잠이 들면 일찍 일어나기도 어렵거니와 건강도 해치기 쉽다. 그래서 새벽형 인간의 1차적인 필수 조건은 일찍 잠자리에 드는 것이다.

필자도 평균 11~12시 전에 잠자리에 든다. 그러기 위해서는 늦어도 10시 전후에는 귀가하는 것을 생활화해야 한다. 직장 생활을 하다 보면 회식이나 모임으로 늦게 귀가하는 일이 생길 수 있다. 필자는 직장 생활 동안에는 동창회나 동기 모임에 나간 기억이 별로 없다. 여기저기 기웃거리며 직장 생활을 해서는 성공하기 어렵다. 한 가지를 잘하려면 일정 부분 희생을 감수해야 할 것이 있다. 요즘은 수명이 길어져서 퇴직 후에도 30년 넘게 여생이 남으므로 동기회나 동창회 등은 그때 나가도 충분하다.

급여를 지급받는 소중한 일터에 몸을 담았으면 일단은 그 조직에 충성하는 것이 기본 도리다. 그 도리의 시작이 일찍 출근하는 것이다. 그러려면 하루 생활을 계획적으로 해야 하고 저녁 약속도 정도껏 참가하고 일찍 끝낼 수 있는 절제력이 있어야 한다.

세상을 살다 보면 사전에 예측하지 못한 일이 종종 생긴다. 늘 시간에 쫓겨 살다 보면 이런 비상사태에 대응하기가 매우 어렵다. 시간적인 여유가 없기 때문에 정신적으로는 더 쫓기게 마련이다. 따라서 생각지 않게 일이 꼬일 가능성도 더 높아진다. 시간이든 일에서든 늘 여유를 가지려면 새벽형 인간이 되는 수밖에 없다.

이런 습관도 신입 사원 시절에 절체절명의 과제로 생각하고 몸에 배게 해야 한다. 그러면 아무리 늦게 귀가하거나 잠자리에 들더라도 새벽 5시면 벌떡 일어날 수 있다. 남과 똑같이 시작하고서도 더 나은 결과를 내고 싶어 하는 것은 일종의 사기에 해당한다. 실력이 월등하지 않다면 하루를 좀 더 일찍 시작할 수 있도록 새벽형 인간으로 자신을 변화시키는 것이 성공의 지름길이다.

자기관리 03

10분은 없는 시간이라 생각하고 먼저 준비하라

회사 업무를 하다 보면 늘 예기치 못한 변수와 맞닥뜨린다. 회의를 시작할 시각인데 갑자기 화장실을 가고 싶을 때도 있고 제대로 준비를 다 했다고 생각했는데 회의 시작 직전에 빠뜨린 것이 생각나기도 한다. 그래서 시각을 딱 맞추어 업무를 진행하다 보면 엉뚱한 걸림돌이나 장애로 늦어지거나 문제가 생긴다.

그러니 약속시간이든 일을 하는 시간이든 10분은 없는 시간이라 생각하고 늘 먼저 준비하라. 외부 손님과의 비즈니스 약속이라면 상대방보다 먼저 가서 준비하는 것이 예의기도 하고 그 시간 동안 미팅 준비와 상대방에 대한 공부, 사전 시뮬레이션도 할 수 있으므로 비즈니스를 성사시킬 확률이 높아진다.

약속시간에 헐레벌떡 나타나면 머리카락이나 옷매무새도 흐트러져 있을 것이고 얼굴에 땀도 날 것이다. 이런 모습으로 비즈니스에 임하면 한 수 접고 들어갈 수밖에 없다. 복장을 가다듬고 명함을 꺼내고 화장실도 들르는 등 굉장히 분주한 모습을 상대방에게 보여주면 대인관계가 늘 바쁘고 힘들어지게 마련이다.

미리 가서 준비한다면 천천히 화장실도 다녀오고 옷매무새도 다시 고치고 머리도 손질하여 깨끗하고 준비된 자세를 만든 후 대면할 수 있다. 따라서 이 일찍 간 10분은 비즈니스의 한 과정이지 절대로 준비 시간이 아닌 것이다. 또한 시간 낭비가 아니고 미래에 대한 투자인 셈이다. 고객이든 회사 동료든 상사든 먼저 가서 기다리는 사람에게 호감을 느낄 수밖에 없다. 그것이 일과 삶에 대한 준비성이고 일에 대한 정성이라고 생각하기 때문이다.

신입 사원이 정시에 또는 늦게 나타나 상대방을 기다리게 하는 것은 직장 생활을 망치고 불성실한 사람으로 낙인찍히는 지름길이다. 어떤 이들은 그래서 아예 시계를 10분 전으로 돌려놓기도 한다. 이것도 좋은 방법이다. 10분 먼저 시작하면 최소한 30분은 더 벌 수 있고, 이런 사소한 차이가 인생과 비즈니스를 성공으로 이끄는 열쇠가 된다.

자기관리 **04**

어느 정도의 스트레스는 당연하게 받아들이고 즐겨라

생존하고 성장하기 위해 치열하게 경쟁해야 하는 기업에 스트레스가 없을 수는 없다. 새로운 사람을 만나는 것도 스트레스요, 해결하기 어려운 일을 부과받는 것도 스트레스다. 직장 생활에서 스트레스는 필요악이다. 구성원들이 모두 다 편안한 마음으로 직장 생활을 한다면 그 조직은 발전하기가 매우 어렵다. 왜냐하면 다른 기업도 같이 편안한 마음으로 일을 하면 좋은데 치열한 경쟁 상태에서 다들 남보다 앞서기 위해 불철주야로 노력하기 때문이다.

어떤 책에서 이런 글귀를 본 적이 있다. "성공을 위한 오르막길은 늘 숨이 차게 마련이다, 숨쉬기가 편안하다는 것은 (실패를 위한) 내리막길을 가고 있다는 증거다." 완전경쟁에서는 1등만 살아남는다. 2등은 아무도 기억하지 않는 것이 냉엄한 현실이다. 경쟁에서 살아남고 더 성장하기 위해서는 다른 기업보다 더 노력해야 하고 더 열정적으로 성과를 만들어내야 하므로 조직의 구성원들은 스트레스를 받을 수밖에 없다.

직장 생활을 막 시작한 어떤 후배가 일이 너무 많아서 퇴근이 늦고 스트레스를 많이 받는다는 하소연을 한 적이 있다. 집안에서 고이 자라거나 형제가 적어 부모의 지극한 보살핌을 받은 요즘의 20대는 직장 생활을 시작하면 당연히 스트레스를 받을 것이다.

그러나 필자가 생각할 때 이는 오히려 고마워해야 할 일이다. 조직이 자신을 믿고 많은 일을 주는 것을 스트레스로 받아들이지 말고 자신을 그만큼 믿는다고 생각하면 일도 재미있고 스트레스도 적을 것이다. 오히려 일이 없어서 스트레스를 받는 것보다는 백배 나은 일이다. 당장은 스트레스가 있을지 모르지만 일을 한창 배워야 할 신입 사원 시절에는 오히려 먼저 스스로 나서서 일을 주도하는 것이 좋다.

필자는 아직까지 일을 많이 해서 죽은 사람은 보지 못했다. 과로로 숨지는 일이 가끔 있기는 하지만 다른 원인이 있었거나 일 자체를 스트레스로 여겼기 때문일 것이다. 일을 즐거운 마음으로 한다면 일이 많다고 원망하지는 않을 것이다. 마치 "만날 여자가 수십 명이라서 스트레스다"라는 말이 남자들 사이에서는 성립되지 않듯이 자신이 원하고 즐겁게 생각한다면 일이 많은 것은 스트레스라기보다는 또 다른 기회다.

요즘 젊은이들은 스트레스 내성이 약하다. 원인은 여러 가지겠지만 이전 세대와는 비교하기도 힘들 정도로 좋은 여건에서 성장한 것도 한 가지 원인으로 꼽을 수 있다. 형제 수가 적어서 부모님의 사랑을 독차지하고 형제간의 갈등이나 다툼도 적거니와 경제적으로도 과거보다 훨씬 더 풍요로워졌기에 의식주에 대한 스트레스도 적어졌다. 되돌아보면 하루 세끼 밥을 먹기도 어려운 시절이 있었으며 필자의 학창 시절이던 1970년대 전후에는 쌀밥 한 그릇 제대로 얻어먹는 것도 쉬운 일이 아니었다.

다만 학창 시절의 학업 강도나 취업 시 경쟁 정도는 과거보다 나아졌다고 하기는 어렵다. 경제개발이 시작되고 고도성장이 시작되어 기업에서 인력을 많이 필요로 한 1980년대 이후부터 IMF 직전까지는 취업이 상대적으로 쉬웠고 따라서 학창 시절에 스펙을 쌓는 일도 지금처럼 반드시 해야 하는 과제는 아니었다. 그러나 현재는 '취업 전쟁'이라고 표현할 만큼 원하는 회사에 들어가기가 엄청나게 힘들다.

그러나 이러한 취업 상황을 제외하고 일상이나 가정으로 돌아오면 스트레스를 주는 요인이 현격히 줄었다. 과거 선배들은 여러 스트레스 요인에 시달리다 보니 스트레스에 내성이 생겨서 작은 스트레스에는 미동도 하지 않았지만 요즘 신입 사원들은 조금만 힘들어도 도망가려 한다는 기업체 인사부서장들의 이야기를 들은 적이 있다. 자신이 좋아하는 대상이나 주제에 대해서는 무한 몰입하면서도 회사 업무에는 과거보다 열정적이지 않다는 것이 일반적인 평이다.

　기업체들은 채용면접 시에 핵가족 출신보다는 대가족 출신을 더 원한다. 또한 군대도 정상적으로 다녀온 사람을 더 선호한다. 많은 가족(형제자매) 속에서 스트레스도 받고 군대라는 거대 조직에서 선임병/후임병 간의 갈등이나 부작용도 경험해본 사람들이 조직 생활에 훨씬 더 적응을 잘할 것이라 판단하기 때문이다. 그래서 성공을 꿈꾸는 신입 사원이라면 스트레스 내성을 키워야 한다. 작은 스트레스에 예민하게 반응하는 모습을 보여준다면 조직은 큰일을 맡기기를 주저할 것이다.

　아울러 아무런 스트레스가 없는 것보다 적당한 스트레스가 있는 것이 건강에 더 이롭다는 주장도 있다. 만병의 근원이라는 스트레스가 건강에 좋을 리는 없겠지만 적당한 스트레스는 우리 몸의 면역세포들을 깨워서 단련시킨다. 마치 백신을 몸에 주사하면 백혈구를 비롯한 면역체들이 일제히 활성화되어서 백신에 대항하여 면역력을 키우는 이치와 다름 아니다.

　일을 할 때도 마찬가지다. 스트레스가 없는 일이 어디 있겠느냐마는 스트레스를 피하는 것도 상책이 아닌 것이다. 한편 "스트레스의 정도는 급여 수준에 정비례한다"는 명언도 있다. 직급이 올라감에 따라 스트레스가 더 다양하고 많아지며 따라서 급여도 올려준다는 주장이다. 그러니 급여가 많아지는 임원, 사장으로 올라갈수록 당연히 스트레스가 더 많아진다. 신입 사원 때 이런 스트레스 내성을 키워놓지 않는다면 관리자로 올라갈수록 많아지는 스트레스를 견딜 수 없게 될 것이다. 스트레스 내성은 사람마다 차이가 있겠지만, 되도록 그러려니 생각하고 정면 돌파하는 자세가 스트레스를 줄이는 길이다. "피할 수 없으면 즐겨라"라는 말도 이런 스트레스를 긍정적으로 전환하자는 이야기일 것이다. 인간의 능력은 참으로 무한해서 시도하다 보면 곧 적응이 된다.

필자가 모시던 한 상사는 늘 웃는 얼굴이었다. 누가 뭐라 해도 스트레스를 받지 않는 체질인 것 같았다. 회사 일을 하면서 상사를 욕하거나 비난하는 일을 본 적이 없다. 늘 긍정적으로 일과 사람을 대했다. 집이 같은 방향이라 필자가 차로 모시고 출퇴근을 한 적이 있는데 그 상사는 차가 출발하고 3분만 지나면 코를 골았다. 신경이 예민한 필자는 상상할 수 없을 정도로 무신경이었지만, 그것이 정신과 몸의 건강에 이로울 것은 뻔하다.

요즈음은 필자도 다른 사람이 운전하는 차를 타면 금방 편안한 가수면을 취한다. 젊은 시절만 해도 필자는 남을 못 믿고, 늘 '내가 운전대를 잡아야 한다'는 일종의 강박관념이 있었는데 이젠 누가 운전해도 옆자리에 편안하게 타고 갈 수 있는 내성이 생겼다. 신기하기도 하고 대견하기도 했는데 스트레스 내성이 생기면 이렇게 긍정적으로 바뀐다.

스트레스는 피한다고 해결되지 않는다. 가장 좋은 스트레스 해결 방법은 스트레스를 주는 원인과 정면으로 마주하는 것이다. 피하다 보면 오히려 스트레스가 더 추가된다. 뭐 당장은 짜증이 나고 피하고 싶은 것이 인지상정이지만 그래서는 근본 원인이 해결되지 않는다.

어디 가나 사사건건 시비를 걸고 반대하는 사람들이 있게 마련이다. 이들을 피하려고 하면 더더욱 집요하게 달려든다. 그럴 때는 과감히 맞서는 것이 문제를 조기에 종결지을 수 있는 방법이다. 필자가 회사를 그만두고 아파트의 입주자대표회장을 맡은 적이 있다. 400가구 정도 되는 작은 단지였지만 말 많은 사람들은 늘 있었다. 하루는 밤 11시에 한 주민이 전화를 해서 "멀쩡한 보도블록을 왜 뜯어내고 공사를 하느냐? 업자에게 돈 받아먹은 게 아니냐?"는 비난을 퍼부었다. 밤 11시면 하루를 정리하고 곧 잠자리에 들어야 할 시간이었지만 그런 전화 한 통 받고 나면 스트레스로 잠이 잘 올 리가 없다.

고민 끝에 다음 날 그 사람에게 전화하여 좀 만나자고, 그래서 같이 보도블록을 살펴보자고 했다. 보도블록을 깐 지 20년이 지나서 부서지거나 울퉁불퉁하여 어두운 밤길에 노인이나 여자들이 넘어져 다치는 일이 종종 있었음을 이야기하고 보도블록 교체 작업은 주민들의 강력한 요청이 있어 시작했으며 구청의 지원금을 타내어 주민 부담을 최소화하여 진행하는 것이라고 설명했다. 그제야 그 사람은 고개를 끄덕이며 수긍했고 이후에는 오히려 필자의 편이 되어서 변호하는 입장으로 바뀌었다. 이렇게 사람들 사이에서 빚는 스트레스는 정면으로 맞서서 해결해야 일을 조기에 매듭지을 수 있다.

자기관리 05

건강을 증진할 자기만의 비법을 개발하고 습관화하라

조직 생활은 장기전이다. 그리고 과로와 수많은 스트레스 같은 복병을 늘 마주한다. 그래서 자신만의 건강관리 비법 한두 가지는 꼭 있어야 한다. 남 술 마실 때 같이 술 마시고 담배 피우고 과로하고 일요일엔 늦잠 자고 해서는 얼마 안 가 젊음도 건강도 잃어버릴 수 있다.

건강은 각자가 챙겨야 할 자산이지 조직에서 직접 보호해주지는 않는다. 건강을 잃으면 직장에서 아무리 큰 성취를 이루더라도 별 의미가 없다. 신입 사원 시절에 자신에게 맞는 적합한 건강관리 방식을 꼭 찾아놓길 바란다. 그것이 운동이어도 좋고 식생활 원칙이어도 좋다.

필자는 입사하여 약 10년간은 등산에 몰두했다. 회사 등산반에 가입하여 휴일에는 선배, 동료들과 늘 산을 찾았다. 학창 시절에는 여러 가지 운동을 좋아했지만 직장 생활을 시작한 후로는 그러한 조직적이고 집단적인 구기 운동을 하기는 여의치 않았다. 물론 야구반, 테니스반, 볼링반에도 가입하고 여가 시간을 활용했지만 한두 가지 철칙을 정해놓고 필요한 운동을 하면 그것으로 건강관리가 되었다.

10년간 등산을 하다가 다음에는 테니스반에 10년 정도 적을 두며 주말을 즐겼다. 테니스 실력이 뛰어나지는 않았지만 한 10년 따라 다니다 보니 어울려서 즐길 정도의 수준은 되었다. 이렇게 어울리는 것은 정신 건강에도 아주 좋다.

통합의학에서는 건강에도 네 가지 종류가 있다고 한다. 물론 '신체적 건강'이 첫 번째지만 '정신 건강'과 '영적인 건강', '사회적 건강'도 건강의 분류에 속한다는 것이다. 여기서 영적인 건강은 좋은 신앙이나 믿음을 갖는 것이고, 사회적 건강이란 사회와의 건강한 어울림을 의미한다. 신입 사원 시절에는 이것저것을 다 챙기기 어려우니 신체적인 건강만이라도 유지, 증진하려는 노력을 기울여야 한다.

>> 4가지 건강의 종류와 유지 방법

신체적 건강	운동과 식생활, 좋은 취미 갖기
정신적 건강	책 읽기와 좋은 가치관 갖기
영적인 건강	절대자에 대한 믿음과 신앙 갖기
사회적 건강	사회활동(봉사/헌혈 등)을 통한 힐링

휴일 날 피곤하다고 쉬거나 종일 자다 보면 건강을 해치는 것은 물론 월요일에도 정신적·육체적으로 힘들어 월요병을 겪기도 한다. 건강을 유지하는 가장 좋은 방법은 주중에 한두 번 운동을 하고 주말에 2시간 이상 운동하는 것이다. 다만 직장 생활을 하면서 주중에 운동 시간을 빼는 것은 정말 어려울 수도 있다.

필자는 주중에는 간단히 할 수 있는 볼링, 스쿼시나 당구를 동료들과 즐겼다. 회사 스쿼시반에 등록하여 자주 가려고 노력했고 정시간이 안 나면 점심시간을 이용해 동료들과 당구장을 들락거렸다. 당구도 생각보다는 운동이 된다. 아울러 동료들과 자연스럽게 어울리는 기회도 제공한다. 회사를 그만두고 난 지금은 그러한 취미나 운동을 한 경험들이 많은 사람들과 자연스럽게 어울릴 수 있는 기반도 되었다.

암을 비롯한 질병의 절반은 선천적인 유전자로 인한 것이고, 나머지 반은 식생활이나 본인의 생활습관이나 환경적 요인에서 기인한다고 한다. 그만큼 건강을 유지하는 데 식생활이 많은 비중을 차지한다.

식생활에서 가장 중요한 것은 물을 충분히 섭취하는 것이다. 우리가 노인이 되고 노화가 진행되는 것은 대부분 몸속의 수분이 부족해서 그렇다고 한다. 노인들의 손발이 거칠고 마르는 것도 수분이 부족해지면서 일어나는 현상이라고 한다. 세포의 노화는 생명체인 이상 인위적인 노력으로 멈출 수는 없지만 충분한 수분 공급으로 그 속도를 늦출 수는 있다. 우리 몸은 70퍼센트 이상이 수분이다. 그래서 이를 맑은 물로 순환시키기 위해 하루에 평균 3000cc의 수분을 필요로 한다. 세끼 식사나 간식 등으로 하루에 약 1300cc를 흡수하므로, 나머지 1700cc 전후는 의도적으로 마시는 것이 좋다.

물도 여러 가지가 있지만 알칼리성 환원수가 가장 좋다고 한다. 그렇지만 굳이 이런 좋은 물을 사 먹지 않더라도 그린티나 생강차 등을 마시는 것도 좋은 수분 섭취 방법이다. 필자는 하루에 적어도 여섯 번 이상 좋은 물을 마시려고 노력했다. 우선 아침 공복에 미지근한 물을 한 컵 마셨다. 그리고 오전에 두 잔, 오후에 두 잔, 저녁에 한 잔씩 마셨다. 물만 잘 마셔서도 성인병을 예방하고 노화를 늦출 수 있다고 의사들은 이야기한다. 특히 술 마신 날 다음 날은 물을 많이 마셔야 한다. 알코올을 분해하는 데 물이 많이 필요하기 때문이다. 이런 날은 우리 몸에서 알아서 물을 끌어당긴다. 의도적으로 마시는 노력이 나중에 생길 수 있는 문제를 줄여준다.

그다음으로 중요한 생활 습관은 손가락, 발가락을 끊임없이 꼼지락거리는 것이다. 돈이 드는 것도 시간이 드는 것도 아니며 일하면서도 할 수 있다. 수지말단을 움직이면 혈액순환이 좋아진다. 요즘은 '발 치기'가 유행이다. 두 발을 서로 부딪치는 운동이다. 이것도 수지말단의 혈액순환을 돕는 운동이다. 생물체가 수명을 다하면 굳어진다. 나이가 들면서 많은 근육과 몸의 요소들이 굳기 시작한다. 이를 예방하거나 늦추기 위해서는 계속 움직여야 한다. 필요성을 인지하면 우리 몸은 자연스럽게 그 굳어짐을 막아주거나 늦춰준다.

　필자의 경험상 가장 좋은 방법은 출퇴근 시 지하철이나 버스에서 손가락 발가락을 끊임없이 움직여주는 것이다. 독서나 음악 청취 같은 다른 활동과 병행해서 할 수 있는 간단한 운동이라 마음만 먹으면 실행하기가 어렵지 않다. 3000년의 역사를 가진 중국의 '건강 도인술'이나 인도의 요가, 우리나라의 단학이나 국선도 같은 가장 기초적인 운동의 원리는 꼼지락거림이다. 그것도 천천히 몸을 움직이는 것이다. 하루 30분만 발가락을 꼼지락거리면 사무직에서 많이 나타나는 하체 부실, 혈류 장애, 디스크를 예방하거나 치료할 수 있다고 한다. 모름지기 신체의 굳어짐과 마음을 늦추면 노화도 늦출 수 있다.

　필자는 테니스를 한창 열심히 할 때 두 번이나 다리 근육이 파열된 적이 있다. 한번은 왼쪽 다리의 아킬레스건이 2/3가량 끊어지기도 했다. 한두 달 깁스를 하고 목발을 짚고 다니기도 했는데 완치되었다는 의사의 말을 듣고 깁스를 푸니 다리가 그야말로 가늘고 긴 새 다리가 되어 있었다. 그동안 묶어놓고 운동을 하지 못했기에 장딴지 근육들이 다 빠져나간 것이다. 우리 몸의 기관들은 자주 사용할수록 더 강해지고 사용하지 않으면 약해진다. 고등학교 생물 시간에 배운 '용불용설'이 사실임을 당시 절감했다. 다리 근육을 원상회복시키려 약 2년간 노력했지만, 100퍼센트 회복되지는 않고 한쪽 다리는 아직도 다소 가늘다.

　우리 몸은 늘 적당한 강도로 사용해야 그 용도를 기억하여 부실

해지는 것을 막아준다. 노인들도 마찬가지다. 늘 걷는 노인들은 90세가 되어도 팔다리가 건강하다. 그러나 걷기를 싫어하는 분은 노화가 일찍 온다. 움직이지 않으면 근육이나 뼈나 장기도 약해진다. 몸에 있는 모든 근육과 뼈들을 살려놓으려면 늘 꼼지락거리고 적당히 걸어야 한다.

만약 시간에 쫓기거나 업무 스트레스 때문에 운동할 여유가 없다면 한 가지만 실천하자. 아침에 일어나서 10분간 스트레칭과 저녁 잠자리에 들기 전 10분간의 스트레칭이 바로 그것이다. 아침에 잠이 깼다고 벌떡 일어나지 말고 약 10분간 팔다리부터 몸의 마디마디를 움직이는 스트레칭을 하자. 밤새 움직이지 않던 근육과 뼈, 그리고 뇌를 준비운동을 통해 서서히 깨우는 것이다.

이렇게 가벼운 스트레칭으로 하루를 시작하면 하루 생활이 순조롭고 몸에 무리가 가지 않는다. 저녁 잠자리에 들기 전에도 하루 고생한 뼈와 근육, 신경을 편안하게 풀어주는 마무리 운동을 하는 것이 좋다. 이렇게 아침저녁으로 10분씩만 스트레칭을 해도 어느 정도는 건강을 유지할 수 있다.

필자는 요즘도 지하철로 사무실과 집을 오갈 때 머리로는 기도를, 몸으로는 꼼지락거림과 손가락을 강하게 쥐었다 놓았다 하는 운동과 팔을 양쪽으로 잡아당기는 운동을 한다. 운동기구에 의존하지 않고 자투리 시간을 활용해 어디서나 늘 할 수 있는 운동이다.

자기관리 06

업무와 직접 관련이 없는 자기계발은 한두 해 늦게 시작하라

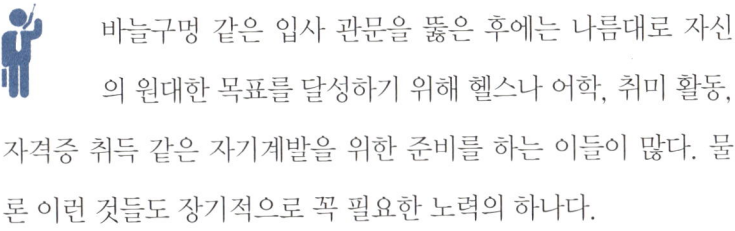

바늘구멍 같은 입사 관문을 뚫은 후에는 나름대로 자신의 원대한 목표를 달성하기 위해 헬스나 어학, 취미 활동, 자격증 취득 같은 자기계발을 위한 준비를 하는 이들이 많다. 물론 이런 것들도 장기적으로 꼭 필요한 노력의 하나다.

하지만 입사 1년 차는 조직을 배우고 사람을 알아가는 일만으로도 시간이 벅차다. 조직과 업무를 파악하고 적응해야 하는 더 중요한 일이 있으므로 이러한 자기계발은 조금 미뤄놓는 것도 신입 사원의 생활 요령이다.

새로운 조직에 들어온 1년 차에게는 조직과 사람, 일을 배우는 것이 가장 시급한 선결과제다. 최소한 2년 정도는 열심히 선배들

따라다니고 밤을 새워 일해도 업무나 조직을 제대로 파악하기가 쉽지 않다. 이런 시점에 그런 중요한 일을 제쳐놓고 자신의 개인적인 스펙을 개발하는 데 몰두한다면 조직이나 상사들이 좋게 볼 리도 만무하고 업무나 조직 적응력이 상대적으로 떨어져 주위의 평판이 좋아지기 어렵다.

자기계발에 시간을 할애하다 보면 야근이나 휴일 근무도 불가능하다. 회사나 조직이 급해서 호출할 때도 선뜻 나서기 어렵다. 내놓은 수업료도 아깝고 시간도 부족하기 때문이다. 이런 주저함이나 망설임은 금방 선배들이 눈치챈다. 설사 나중에 조직에 도움이 되는 활동이라도 자신의 경쟁력 확보에만 몰두하는 사람을 조직이 말릴 수는 없겠지만 좋아할 리 만무하다.

모름지기 입사 1년 차는 다른 일체의 사안은 접어두고 배우는 자세로 조직과 일에 몰입하는 것이 최고의 자기계발 전략이다. 아울러 1~2년 차들은 회사 차원에서 가르쳐야 할 것들이 많아 이런저런 교육들이 줄지어 있다. 어떤 회사들은 1년 이상을 신입 사원 양성교육에 투자하기도 한다. 따라서 회사가 지향하는 교육만 따라가기도 힘이 벅찰 수도 있다. 그러므로 좀 아쉽더라도 자기계발 목표는 선명하게 세워놓되 실천은 한두 해 미뤄서 조직과 일, 사람들을 잘 알게 되었을 때 여유를 가지고 시작해도 늦지 않다. 하지만 아무 계획 없이 시류에 휩쓸리다 보면 자기계발 의욕이 묻힐 수도 있다. 따라서 계획과 선명한 목표는 늘 잊지 말아야 한다. 나만 그 실행을 한두 해 늦추라는 제언일 뿐이다.

자기관리 07

손에서 책을 놓지 마라

과거에는 긴 학창 시절을 끝내고 나면 15년 가까이 씨름하던 책들을 헌책방에 팔아서 술을 사 먹곤 했다. 이제 책과는 이별이라고 생각하면서……. 그러나 직장 생활을 하면서 더 필요해지는 것이 학창 시절의 책이고 오히려 더 자주 접해야 한다. 사실 초등학교부터 대학까지 우리가 제대로 공부해본 적이 있는가? 늘 시험에 대비해 외우기만 했을 뿐 책 내용을 음미하고 그 뜻을 깨달아가는 일은 드물었다. 그래서 시험을 마치면 그대로 잊어버리는 경우가 태반이다.

최근에 필자는 고등학교 국사 책을 가져다 놓고 다시 읽어보고 있다. 당시 달달 외워서 시험만 쳤지 우리나라 역사의 중요한 흐름이나 거기에 밴 민족혼을 알지는 못했다. 다시 읽어보면서 '정말 소중한 역사적인 지식이 들어 있는 책이구나'라고 새삼 깨닫고 있다.

인문 계열을 졸업한 사람이라면 대학 시절에 배운 경영학, 행정학, 조직론을 다시 읽어보면 업무에 필요한 지식이 많이 담겨 있음을 알게 될 것이다. 또한 자기 전공 분야가 인문, 상경 계열이었던 사람은 동물학, 물리학, 지리학 등의 이학 서적을, 반대로 이학 전공자는 경영학이나 조직론을 읽어두면 통섭적인 사고와 균형적인 시각을 기르는 데 많은 도움이 된다.

기업에서 인사조직 관련 업무를 한 필자는 관련 대학교재를 많이 봤다. 조직 개편이나 인사이동 시에 고려해야 할 사항과 선진국의 사례나 경험들이 책 속에 고스란히 실려 있었기 때문이다. 필자는 입사 후에도 업무에 필요하다고 생각해 '조직론', '의사결정론', '조사방법론', '인사관리론', '마케팅원론' 등을 항상 참고했는데 세계의 석학들이 이론적인 배경과 발전 추이나 트렌드, 선진국의 사례나 시행착오를 자세히 설명해주고 있었기에 적잖은 도움이 되었다. 또한 그 덕분에 전문 능력을 갖추고 상사들에게 신뢰를 받을 수 있었다. '조직론'은 학창 시절에 공부할 때는 그 의미를 잘 모르고 외우고 말았지만 기업에 입사한 후에는 실전에 대입하면서 그 뜻을 새겨보니 참지식이 되었다. 그렇다. 우리가 제대로 대학에서 공부했다면 그 필요성이 덜하지만 기존의 교육 방식으로 교육을 받은 세대는 입사 후에도 공부를 계속해야 그 지식을 자기 것으로 만들고 업무에 활용할 수 있다.

나이나 경륜에 따라서 책을 읽고 받는 감동도 차이가 난다. 우리가 대학 시절이나 고등학교 시절에 읽은 책들도 다시 읽어보면 큰 반향을 불러일으키는 경우가 많다. 어릴 때는 독서를 위한 독서도 많았고 단지 책을 읽어야 한다는 강박관념으로 읽기도 한다. 하지만 나이가 들어 여유로운 상태에서 읽다 보면 책 속에 정말 길이 있다는 것을 실감할 때가 많다.

필자는 나이 들어 과장 시절에 인생과 직장 생활에 대한 고민과 슬럼프에 잠시 빠진 일이 있는데, 그때 소크라테스의 담론을 제자들이 정리한 《향연》이라는 책을 읽었다. 《향연》은 'symposium'을 한글로 번역한 제목인데, 그 책에는 소크라테스가 인생과 세상살이에서 번민하고 고민한 내용과 과정이 소상히 소개되어 있다. 아울러 그러한 번민과 고민을 어떻게 풀어갔는지도 설명하고 있어서 당시에 필자가 고민을 해결하는 데 큰 도움이 되었다. 사실 당시 소크라테스와 비슷한 고민을 하던 필자는 적잖은 희열을 느꼈다. '희대의 철학자가 나와 유사한 번민을 가지고 있었구나'라는 생각을 하면서 2500년을 넘나드는 시대의 간극을 의식하지 않고 소크라테스라는 대철학자와 마주 앉아 담론하는 듯한 신기한 느낌을 맛보았다.

이렇듯 책을 읽다 보면 자신의 고민을 이해하고 그 해법을 찾는 일도 적지 않다. 아울러 소크라테스는 담론법으로 필자가 자녀교육이나 후배 양성을 하는 데 적잖은 교훈과 방법을 제시해준 사부와도 같은 존재였다. "스스로 결정케 하라. 그 길을 가르쳐주고 도와주며 결론을 내리도록 기다려라. 그것이 실행력을 높이는 가장 효율적인 방법이다"라는 교훈을 소크라테스는 200페이지 내외의 소책자로 필자에게 전해주었다.

실제로 필자는 상경 계열 학과를 졸업하여 운이 좋게도 전공과 관련된 인사/조직 관리 분야에서 일을 시작했다. 그러나 학교에서 배운 해당 분야의 지식만으로 업무를 처리해나가기는 어려웠다.

30대 후반 과장 시절에는 일반 기업이 아닌 다소 전문적인 지식을 요구하는 경제연구소에 재직하면서 인사조직 분야의 외부 컨설팅을 나가야 했다. 당시 화두였던 '능력주의'의 취지나 그 도입 배경, 목적을 정확히 이해하고 고객사의 직원들에게 강의나 제도로 전달해야 하는데 머리로는 이해가 되나 마음으로 와 닿지 않는 부분이 많았다.

당시에는 우리나라의 대부분 기업들이 나이와 경력을 급여와 보상의 기준으로 설정하고 존중하는 '연공주의'를 채택하고 있을 때라 참으로 이해시키기가 용이치 않았다. 자유경제하에서 성과와 이익을 많이 낸 직원에게 더 보상해주어야 한다는 기본 원리를 모르는 바는 아니었지만 그것을 제도로 녹여내어, 때 되면 승진이 되고 급여도 올라간다는 연공주의에 젖어 있는 구성원을 설득하고 노조와 협의하여 실행하는 것은 생각보다 어려운 과제였다.

그때 우연한 기회로 재미를 붙여 동물학과 지리학, 지정학, 역사와 세계사를 공부했는데, 당시 공부한 인간의 본능과 동서양의 사회 출발과 발전 과정이 능력주의를 이해하고 설득 논리를 펼쳐 나가는 데 큰 도움이 되었다. 학문은 서로 연결되어 있을뿐더러 학문의 궁극적인 목적은 인류 번영에 있음도 그때 깨달았다. 지금 같은 전문화 시대에는 본인이 일하는 분야에서 당연히 전문가가 되어야 하지만 다른 분야에도 박학다식하다면 과거 시대와는 달리 아주 중요한 경쟁 요인이 된다. 인사 전문용어로 이른바 'T자형 인재'가 되라는 이야기다. 한 분야에서는 전문가가 되고, 다른 인접 분야에도 웬만한 지식이 있어야 성공한다는 인재관이다.

필자가 그 이후에 읽은 책 중에는 동물학과 관련된 책이 많은데 인간의 본성과 특성을 이해하는 데 큰 도움이 되었고 지금도 강의 주제로 많이 활용하고 있다. 동물학 관련 서적은 동물의 행동과 진화에 관한 내용들이 대부분이다. 아시다시피 인간은 동물에 속하고 침팬지로부터 분화되어 나왔다는 것이 진화론의 결론이다. 결국은 우리도 동물 중에 하나의 종이기 때문에 동물의 행동과 반응, 가족 구성, 관리체제, 본능 등을 보면 인간의 행동과 사회활동을 90퍼센트 가까이 유추할 수 있다. 인간은 이성과 본능을 다 가지고 있지만 그래도 동물과는 달리 이성적인 존재로 다들 생각하고 싶을 것이다.

하지만 필자가 동물학을 공부하면서 내린 결론은 인간도 궁극적으로는 동물과 유사하게 자신의 본능에 충실하게 움직이고 생활한다는 점이다. 이러한 점에서 동물학을 공부한 것이 필자의 업무와 밀접한 주제였던 인간의 생각과 욕구, 말과 행동, 가치체계를 이해하는 데 큰 도움이 된 점을 부인할 수 없다. 각자의 전공과 전문 분야가 있겠지만 그것과 관련된 인접 학문을 공부하다 보면 일을 하면서 새로운 아이디어나 창의적인 방식을 찾아가는 데 큰 도움이 된다.

여기서 인접 학문이란 아주 전문적인 실용학문을 제외한 학문의 전 분야를 의미한다. 현재의 학문 분야는 서로 아주 달라 보이지만 3000년 전 과거에는 '인생은 무엇인가? 우리는 왜 사는가?'에 대한 고민에서 시작된 철학에서 분리되어 나온 것으로, 모든 학문의 궁극적인 목적은 인류의 번영에 있다는 점을 공부하다 보면 느끼게 된다.

아울러 우리가 학교에서 다양한 학문을 배우는 까닭은 기본적으로 그것들이 장래에 사회생활을 하는 데 필요하기 때문인데, 안타깝게도 현실에서는 시험을 대비하여 내용의 요지만을 외우는 데 급급하니 그 내용의 심오한 원리나 논리를 놓치는 일이 많다. 대학 재학 당시 '조직론'을 공부할 때 교수님도 짧은 교과시간 때문에 500페이지가 넘는 교과서를 두 시간에 50페이지씩 진도를 빼고 5~6번의 강의 후에 시험을 보곤 했는데 이렇게 해서는 진정한 지식을 얻기란 불가능하다. 교육만큼은 미국이나 선진국의 토의식 교육방식을 도입해야 인생에 도움이 되는 산지식을 얻을 수 있을 것임을 절감한다.

통섭의 개념에서 본다면 인문학은 영원한 독서의 주제이기도 하다. 마음의 여유를 찾으면서 융합의 장점을 발견하고 업무나 조직 생활에 대입하는 데 인문학만큼 좋은 분야가 없다. 흔히 인문학은 실무와 관련이 없는 사치스러운 학문처럼 생각하기도 하지만 모든 학문이 궁극적으로 지향하는 바는 동일하다는 것을 생각하면 그 끝은 늘 닿아 있는 것이다. 소설이나 시를 비롯한 문학 작품이나 역사 서적, 예술 서적 등을 접하다 보면 사물을 바라보는 사고의 영역도 넓어지고 창의적인 발상도 가능하며 그것을 경영이나 조직 관리, 업무에 대입할 수도 있는 아이디어가 나오기도 한다. 단지 그런 뚜렷한 목적이 있는 독서가 아니더라도 인문학 읽기는 인생을 풍요롭게 하고 자신의 가치관을 더 확장하는 좋은 방법이 된다.

또한 요즘은 자격증의 시대이자 스펙의 시대이기도 하다. 입사 전에 이러한 스펙을 쌓느라 고생을 많이 하는 것이 요즘의 일반적인 세태다. 그러나 입사 후에도 일과 조직에 필요한 지식을 쌓기 위한 많은 교육이 기다리고 있다. 이러한 교육 기회를 잘 활용하면 자신의 전문성이 점차 축적되어가는 것을 확인할 수 있고, 이런 역량이야말로 그 조직의 핵심 인재로 성장할 수 있는 배경이 된다. 다만 앞에서도 잠시 언급했듯이 신입 사원 시절의 공부나 스펙 쌓기는 업무와 직접적인 관련이 있는 것에 한정해야 한다. 업무와 무관한 자격이나 특기 만들기는 입사 2~3년 후에 시작해도 늦지 않다.

우리 주위에는 교육 수강만 찾아다니고 좋은 교육 성적을 받지만 실제 업무는 잘 못하는 사람도 있다. 이런 사람들은 조직에서 이른바 '교육특기'라는 비아냥거림을 듣기도 한다. 실무와 교육이 좀 다르기는 하지만 점점 전문성과 자격이 일하는 데 필수조건이 되는 전문적인 사회가 되어가고 있음은 다 아는 사실이다. 이제 이론은 완전히 무시하고 무대포로 일을 밀고 나가기는 어려워졌다. 과거 '장돌뱅이'는 아무런 논리가 없어도 일을 잘할 수 있었지만, 이제는 지식과 이론으로 무장한 사람을 이기기는 어려워진 시대가 되었다. 그러니 결국에는 공부를 게을리하지 않는 사람이 직장에서 성공하며 조직 입장에서도 놓치면 안 되는 핵심 인재로 성장한다.

신입 사원 시절에 모두 다 섭렵하지는 못하겠지만 최소한 책을 손에서 놓지 않는 생활 태도라도 몸에 심어놓아야 한다. 출퇴근 시간이나 휴일 날 자투리 시간을 책과 씨름하며 보낸다면 그 미래가 더 밝아지는 것은 당연한 이치다. 안중근 의사는 "매일 책을 읽지 않으면 입에 혓바늘이 돋는다"고 했고 "책을 읽지 않으면 우매한 자들과의 대화를 멈출 수 없다"는 격언도 있다. 인생의 이치와 가치를 스스로 깨닫는 것이 바람직하나 그러지 못한다면 선현들이 집필한 책의 도움을 받기라도 해야 한다.

어떤 사람들은 바빠서 독서를 할 시간이 없다는 이야기를 한다. 필자는 출퇴근 시 작은 손가방을 들고 다녔는데 그 속에는 늘 책 두 권을 넣고 다녔다. 한 권은 업무와 관련된 것이고, 다른 한 권은 역사서니 동물학 관련 서적 등 본인이 흥미 있어 하는 분야의 책이었다. 업무 능력을 향상시켜 나가기 위한 책과 마음과 정신을 살찌

우기 위한 책을 함께 가지고 다닌 것이다. 바쁘고 졸기도 해서 제대로 다 읽지는 못했지만 그래도 가지고 다니다 보면 자투리 시간을 활용하여 책을 접할 수 있다. 직장 생활을 하면서 편히 책을 볼 수 있는 시간을 내기가 어려운 것은 사실이지만 출퇴근 시간만 이용해도 적잖은 지식을 머릿속에 넣을 수 있다.

자기관리 08

하나 이상의 신문을
매일 읽어라

　　세상을 살아가며 우리는 많은 언론을 접한다. 그중에 방송이나 TV로 접하는 것이 눈으로 직접 영상을 보니 활자로 된 신문보다 훨씬 더 인지하기 쉽다. 그렇지만 오랫동안 각인시켜 자신에게 필요한 지적인 자산으로 만들기에는 아무래도 신문이나 잡지가 더 유익하다.

　요즘 20~30대는 SNS나 인터넷을 통해 뉴스를 접하는 것이 일반적이지만 신문도 꼭 한두 가지씩은 읽는 습관을 붙이는 것이 좋다. 신문에는 사실fact도 실리지만 기자들의 눈과 귀로 들어온 정보를 자신의 머리로 해석한 부분도 많으며 해외의 경영 우수 사례나 혁신 사례, CS 우수 사례 등도 적지 않게 실린다. 아울러 문화적인 소양과 예술적인 지식을 익히기도 용이하다.

이런 신문기사들을 직접 업무에 활용하는 일은 비록 적다 하더라도 언젠가는 자신의 것으로 소화되어 자신의 능력으로 승화된다. '통섭적 사고'를 만들기 위한 가장 좋은 방법 중 하나가 신문 읽기다. 정 신문을 읽을 시간이 없다면 기사 제목이라도 대충 훑어보자. 그것만으로도 상당한 상식과 지식을 얻을 수 있다.

임원으로 성장하려면 상식과 주변 분야의 소양도 어느 정도는 필요하다. 상식이 풍부하고 정보에 밝으면 좀 더 종합적인 사고와 행동을 할 수 있으며 동시대를 호흡하며 살아가는 공동체의 일원으로 같이 아파해야 할 일, 같이 기뻐해야 할 일들을 공감하며 살아갈 수 있다.

필자가 아는 후배 하나는 매일 신문에서 한두 가지 기사를 스크랩하여 앨범에 보관하곤 했다. 그가 스크랩하는 기사를 보면 상식에 해당되는 것도 있고 자신의 업무와 유관한 것도 많았다. 그러다 시간 날 때 훑어보면서 자신의 잠재 역량을 키워가는 도구로 삼았다. 신문은 기자들의 땀과 눈물과 피가 밴 작품이다. 기자들은 보통 사람보다 더 많은 시간을 발로 뛰며 고민하고 밤낮을 가리지 않고 생생한 현장을 접한다. 그리고 그러한 과정을 통해 얻은 경험, 정보, 지식을 신문이라는 광장에 풀어놓는다. 매일 나오고 어디에서나 구해볼 수 있는 것이 신문이지만 통독과 정독을 통해 다각도로 잘 살펴보면 지식을 쌓는 아주 훌륭한 도구가 된다.

필자는 토요일 아침에는 조간신문을 정독하는 습관이 있다. 주말판이라 양도 많고 레저나 문화 기사를 비롯하여 경제 특집 기사도 풍부하게 실린다. 이렇게 따로 경제 공부를 할 필요도 없이 세계의 석학들을 만날 수 있도록 신문은 주선한다. 또한 새로운 신간 책자가 출판되면 대개는 신문의 주말판에 소개된다. 이런 기사를 읽는 일은 훌륭한 개인교사나 멘토를 두는 것과 진배없는 효과를 발휘한다. 다른 사람의 도움 없이도 자신이 읽고 싶고 꼭 필요로 하는 정보를 쉽게 찾을 수 있기 때문이다.

자기관리 09

하루의 일상생활을 시스템화하라

30년 직장 생활에서 첫 1년이 중요하듯이 1년 직장 생활에서는 첫날과 하루하루가 참 중요하다. 1년 365일은 하루하루가 모여서 이루어지니 하루하루 생활을 잘하는 것이 바로 직장 생활을 잘하는 것이라 하겠다.

일상생활은 극히 개인적인 영역이고 따라서 정해진 정답이 있을 리 만무하여 개인적인 취향이나 가치에 따라 자신의 개인 생활을 영위해가면 그만이긴 한데, 필자 생각에는 하루의 일상생활을 시스템화하는 노력과 습관화가 직장 생활을 슬기롭게 이어가고 업무를 더 생산적으로 처리할 수 있는 초석이 된다.

즉 아침에 기상하여 식사하고 출근하고 일하고 퇴근하여 식사하고 쉬고 잠자는 등 하루의 생활을 정형화하고 표준화하면 회사에서 주어지는 중요한 일을 차질 없이 수행하기가 훨씬 더 용이하다. 만약 아침에 늦게 잠자리에서 일어난다면 준비가 덜 된 상태에서 출근을 해야 하고 그러면 일이 꼬이거나 예상치 못한 상황이 발생했을 때 대비할 시간이나 정신적인 여유도 부족할 것이 뻔하다.

만약에 아침에 시간이 없어서 화장실을 못 갔다면 회사에 출근하여 가게 되는데, 마침 그것이 회의나 중요한 비즈니스 시간과 겹치면 하루가 제대로 꼬이게 된다. 아침 부서 회의 시간에 회의 내용에 집중하지도 못할뿐더러 그런 안절부절못하는 모습은 상사 눈에도 보이기 때문에 준비성이 부족하고 정신없는 부하로 비치게 된다.

또한 아침에 식사를 못하고 나와서 회사 주변의 식당에서 얼쩡거리다 상사의 눈에라도 띄면 좋은 인상을 심어주기는 난망하다. 더구나 주변 식당에서 한창 식사 중에 상사가 찾는다면 식사 중간에 허겁지겁 달려갈 수밖에 없다. 매사가 계획대로 진행되지 않는 것이 회사 생활이라 늘 약간의 여유 시간이 필요한데 시간관리를 체계적으로 하지 못하고 그때그때 상황에 맞춰 살다 보면 바쁘긴 무지 바쁜데 하루 업무를 제대로 마감하지도 못하고 스트레스만 받기 십상이다. 그나마 자신만 바쁘면 문제가 덜한데 일이란 늘 부서원들 간에 얽히고설켜 있어 부서 전체에도 부정적인 영향을 미치기 쉽다. 따라서 이러한 개인의 작은 실수는 부서나 크게는 회사의 업무에도 영향을 미치게 된다.

필자가 직접 시행했고 직장 생활을 성공한 다른 선배들의 사례도 종합하여 제안하는 신입 사원의 평일 하루 일상은 다음과 같다.

하루 24시간도 계획하에 살아가라

독자들 중에는 "하루 생활도 계획을 수립하라니 너무 심한 것 아닌가"라고 투덜거리는 사람이 있을 것이다. 그러나 잘 생각해보면 하루라는 시간도 참으로 소중한 인생의 일부분이다.

1년은 365일이다. 우리가 직장 생활을 20년만 한다고 가정하여 날짜로 계산해보면 약 7300일이다. 그중 휴일이나 휴가 등을 빼고 나면 약 5000일의 근무 일수가 나온다. 즉 하루하루가 5000번 지나가면 20년이 지나는 것이다. 1/5000이 아무것도 아니라고 생각할 수도 있지만 "천 리 길도 한 걸음부터"라는 속담과 같이 하루하루가 모여서 5000일이 되고 직장 생활의 긴 시간이 되는 것이다. 따라서 하루하루를 대충대충 보내고서 직장 생활을 성공하기는 불가능하다.

하루도 계획이 필요하다는 필자의 이야기는 그냥 되는 대로 살아가지는 말라는 뜻이다. 내일 하루는 어떤 일이 있고 어떤 시각에 누구를 만나야 하고 꼭 처리해야 할 일은 무엇인지를 염두에 두고 잠시라도 생각을 하고 잠자리에 들라는 조언이다.

그러나 꼭 문자로 된 계획을 세우라는 이야기는 아니다. 머릿속으로 다음 날 계획을 일별해보는 것도 좋다. 매일 지속되는 일상이라 하더라도 어떤 날은 아침 일찍 일과를 준비해야 할 날도 있을 것이고 어떤 날은 다소 느긋하게 시작해도 될 날이 있다. 그 전날 저녁에 다음 날 일정을 염두에 두고 하루를 계획해보면 몇 시에는 꼭 일어나야 하고 몇 시에는 회사에 앉아 있어야 하는지가 더욱 선명해진다. 그래야 하루 일과를 차질 없이 수행할 수 있다.

필자는 내일 일을 염두에 두고 다음 날 필요한 일이나 사물을 자기 전에 챙겨두는 습관을 들이려고 노력했다. 그러면 혹시 좀 늦게 기상하더라도 허둥거리는 일이 줄어든다. 아침에는 마음이 바빠 간혹 잊어버리는 일도 발생한다. 여유가 있는 전날 저녁에 미리 챙겨두면 그런 일이 줄어든다.

아침 6시 이전에는 잠자리를 털고 일어나라

회사마다 출근 시각이 조금씩 차이가 있으나 대개는 8~9시 사이다. 최소한 출근 두 시간 전에는 기상을 해야만 하루를 여유 있게 보낼 수 있다. 즉 기상하여 한 시간은 신문 읽기, 세수, 용변, 식사 등의 개인적인 용도로 사용하고 나머지 한 시간은 출근에 할애해야 한다. 개인적인 용무에 필요한 시간보다 더 일찍 기상하여 30분 전후라도 가벼운 운동과 산책이나 스트레칭으로 몸과 마음을 풀 수 있다면 금상첨화다.

그러기 위해서는 5시 전후에 기상해야 하는데 이건 모든 사람이 실행하기에는 쉽지 않은 일인 듯싶다. 아주 부지런한 사람만이 가능할 것이고 그러기 위해서는 최소한 그 전날은 11시 전에 잠자리에 들어야 가능한 일이다. 필자는 다행히 아침형 인간이라 누가 깨우지 않아도 잘 일어났다. 지금도 그때의 습관이 남아 있고 나이가 들어 잠이 적어져서도 그렇겠지만 요즘도 6시 이후에 일어나는 일은 없다. 만약 스스로 일어날 자신이 없으면 가족에게 부탁하거나 자명종을 활용해서라도 기상 시각은 꼭 지키는 것이 하루를 편하게 살 수 있는 비결이다.

사실 수면을 어느 정도 취해야 하는지는 학자들 사이에서도 의견이 분분하다. 숙면이면 4시간만 자도 충분하다는 주장이 있고 평균 8시간은 수면을 취해야 건강한 삶을 이어갈 수 있다고 주장하는 이도 있다. 종합해보면 평균 6시간 이상은 자야 건강에 문제가 생기지 않음을 짐작할 수 있다. 따라서 그 전날 11시에서 12시 사이에는 잠자리에 들어야 한다.

직장 생활을 하다 보면 이런저런 술자리나 저녁 약속으로 늦게 귀가하는 일도 비일비재하지만 최소한 12시에는 잠자리에 들려고 노력해야 한다. 잠을 잘 자는 것도 건강한 인생과 직장 생활의 중요한 버팀목이 된다. 젊다고 밤을 새우거나 잠을 대충 자면 언젠가는 그 부작용이 나타나게 마련이다.

필자가 모시던 어떤 상사는 이러한 수면부족을 낮 점심시간을 이용하여 일부 해결하곤 했다. 점심을 20~30분 만에 해결하고 들어와서 낮잠을 30분가량 잔 것이다. 당시 그분은 고참 간부여서 누가 시비 거는 사람도 없었다. 단잠을 자고 오후 근무 시작 시간이 되면 스스로 일어나기도 하고 우리가 깨우기도 했다. 그러고는 저녁 시간이 되면 누구보다도 생생하게 술자리나 모임을 주도했다.

우리 모두는 인간이고 동물이기 때문에 적당한 수면 시간을 확보해야 하나 직장 생활을 하다 보면 그러기가 쉽지 않은 경우도 많다. 수면 시간이 모자라 근무시간에 꾸벅꾸벅 존다면 그 인생도 함께 동면에 들어갈 수도 있음을 신입 사원들은 필히 유념해야 한다.

개인적인 용무는 아침 기상 후 한 시간 내에 다 처리하라

출근을 앞둔 아침의 한 시간은 매우 긴 시간이라고 생각할 수도 있다. "바쁜 직장 생활에 매인 몸이 어떻게 한 시간씩이나 개인 용무를 볼 수 있나? 그 시간에 잠을 더 자겠다"는 후배들도 있을 수 있다. 그러나 아래 문장을 읽으면서 긴 직장 생활의 하루 관리 시스템을 만든다면 왜 한 시간이 필요한지를 인지할 수 있을 것이다.

필자는 아침에 일어나면서 약 10분간의 스트레칭으로 몸의 세포들을 깨우고 근육을 시운전하며 냉수 한 컵을 마신 후에 신문을 본다. 그러면 곧 내장에서 소식이 와서 화장실에서 신문을 마저 보면서 어제 식생활의 결과물(?)을 깨끗이 비운다. 공복에 냉수를 마시면 삼투압 작용 때문인지 아니면 중력 때문인지 소화가 끝난 장의 내용물들이 나를 화장실로 재촉한다. 그래서 공복에 냉수 한 컵은 꼭 마신다(냉수가 부담이 되는 사람은 미시근한 물도 좋다). 이후 잠시 TV 뉴스를 훑어보고 세수를 한다. 그사이 아내가 아침 준비를 해주고 식사를 하고 출근을 준비한다. 사실 별것 아니지만 이런 작은 일들을 집에서 말끔히 처리하지 않으면 출근 중이나 회의 중이나 비즈니스 협상 중에도 화장실을 찾을 수밖에 없다.

회사에 와서 화장실을 사용하는 것은 냉정하게 판단해보면 근무시간을 잡아먹는 업무 해태 행위다. 소변이야 생리적인 현상으로 2~3시간 만에 한 번씩 처리해야 하니 어쩔 수 없지만 대변은 하루 한 번이 보통이다. 그런 일은 집에서 개인적으로 처리하는 것이 직장인의 기본 예의라고 생각한다.

독자들이 필자를 까칠하고 융통성 없는 사람이라고 생각할지는 모르지만, 출근 후 회사 화장실에 오래 앉아 있는 후배들을 보면 장래성이 많은 인재로 보이지는 않는다. 심지어 하루에 화장실을 5~6번 들락거리는 사람들도 있다. 소변 등 용무가 있으면 어쩔 수 없겠지만 장시간 거울을 쳐다보며 머리 빗고 자신의 모습을 관조하는 사람들도 있다.

필자가 근무한 회사에도 이런 제비(?)들이 좀 있었는데 화장실을 갈 때마다 마주치곤 했다. 화장실에서 하는 일은 늘 머리 만지고 거울을 쳐다보는 것이었다. 그중에 어떤 이는 자기 책상 아래에 큰 거울을 비스듬히 세워놓고 수시로 얼굴을 비춰 보고 머리카락을 가다듬곤 했다. 이런 행동이 여자들에게는 어쩌면 당연할지 모르지만 남자들이 그러고 있는 모습을 보면 상사들은 짜증이 난다. 능력이 훌륭하고 업무 처리도 잘하는 부장 한 분은 그런 엉뚱한 작은 일로 상사의 눈 밖에 나는 바람에 임원 반열에 오르지 못하고 결국 부장에서 회사를 그만두었다. 사소한 일에서 꼬이면 큰일도 잘 안 풀린다는 이치를 명심하기 바란다.

저녁 9시 이후에는 새로운 이닝(?)에 들어가지 마라

직장 생활을 하다 보면 필요한 외부 접대도 있고 부서 회식이나 다양한 사유나 약속으로 저녁에 귀가가 늦기 쉽다. 아무 생각 없이 술자리나 약속에 참여하다 보면 밤늦게까지 귀가하지 못하는 경우도 비일비재하다. 그러나 9시 이후에 새로운 자리로 이동하는 것은 스스로 자제하도록 자신만의 룰을 정해놓으면 생활을 좀 더 정상화할 수 있다. 9시 이후에 음식물을 먹으면 소화도 안 된 채로 잠자리에 들게 되는데, 그러면 육체적·정신적 건강에도 해롭다.

인생을 살아가다 보면 계획이 있는 것과 없는 것은 차이가 많이 난다. 친구들 만나서 술 한잔하다 보면 12시가 넘을 때도 많지만 직장 생활을 하는 사람이라면 적어도 다음 날 근무에 상당한 악영향을 줄 수도 있는 일들은 자제하는 습관을 들이는 게 바람직하다. 스스로 자리를 파할 수 있는 권한이 생기는 관리자가 되기 전까지는 마음대로 자리에서 일어나기는 어렵지만 계획이나 다짐만으로도 상당한 효과를 볼 수 있다.

필자가 되돌아보면 술자리에서는 선후배 할 것 없이 누군가 한 사람이라도 2차를 제안하면 원하지 않는 사람들도 갈 수밖에 없었다. 하지만 스스로 이런 '9시 룰'을 정하고 실천하려고 노력하다 보면 지키는 날이 많아지고 그것이 장기적으로 직장 생활에 도움이 된다. 2차, 3차를 다니고 밤늦게 들어가서 아침에 숙취가 남아 있는 채로 출근하는 사람들 가운데 그 전날의 과음을 후회하지 않는 사람도 별로 없다. 그래서 누군가는 2, 3차를 끊어줘야 한다. 신입 사원 시절 상사나 선배들과의 자리에서 주도적으로 발의하기는 어렵겠지만 적어도 그런 마음을 가지고 있다면 확률적으로 '9시 룰'을 지킬 가능성이 높아진다.

저녁 11시에는 잠자리에 들라

아침에 일찍 일어나려면 당연히 저녁에 일찍 잠자리에 들어야 한다. 새벽 1~2시까지 마시고 먹고 놀고 위 속도 그득한 채로 잠자리에 드는 것은 독소를 계속 몸속에 비축해나가는 것이나 다름없다. 직장 생활이 수도생활은 아니니 어쩌다 보면 새벽까지 행사가 이어질 경우가 있지만 되도록 10시 전에는 귀가하고 12시 전에는 잠자리에 드는 것이 좋다. 직장 생활이 2박 3일의 단기전이라면 날밤을 꼴딱 새워도 되겠지만 10년 이상을 이어가는 장기전이니 하루하루를 계획적으로 운영하는 것이 훨씬 더 유리하다.

물론 잠자리에 들기 두 시간 전부터는 공복 상태를 유지해야 잠자리가 편하다. 우리가 자는 동안 내장도 잠을 자기 때문에 늦게 섭취한 음식물도 두 시간이 경과하지 않으면 소화되지 않은 채 위장에 머문다. 그래서 부패와 산화가 일어나 아침에 일어나면 몸이

붓기도 한다. 이것저것 다 따져본다면 9시 전에 음식물 섭취를 마치고 10시 이전에 퇴근하여 11시경에 잠자리에 드는 것이 몸과 다음 날의 상쾌한 출발을 위해 바람직하다. 물론 직장 생활을 하다 보면 이런 원칙을 지키기가 녹록지 않지만 적어도 이런 기본생활 원칙을 세워놓으면 지킬 확률이 높아진다.

필자는 늘 어떤 행사든지 먼저 "이제 그만 마무리하자"고 주장하는 편이다. 즉 행사가 어느 정도 끝나갈 즈음 같은 자리에 있는 사람들이 상사든 동료든 후배든, 자리에서 일어나기를 먼저 제의하곤 했다. 필자도 스스로 이런 성향이 있는 줄은 몰랐는데 누군가가 지적해서 알게 된 일이다. 조금 놀랐지만 누군가는 나서야 행사가 종료되는 것이니까 당시에는 욕을 듣더라도 나서는 사람이 필요하다.

특히 술자리에서는 2차, 3차로 이어지는 중에 누군가가 그만 마치자고 하면 짜증내는 사람 한둘이 있고 나머지는 묵시적으로 반긴다. 꼭 한두 명의 강요로 2, 3차를 가게 마련이라 누군가는 중심을 잡고 마무리 종을 쳐야 한다. 이런 경우 늘 다음 날 예외 없이 모두에게서 고맙다는 말을 들었다. 술을 더 마셔봤자 남는 것은 속 쓰림과 컨디션 난조, 가벼워진 지갑밖에 없기 때문이다. 직장 생활이 2박 3일짜리가 아닌 바에야 하루 저녁에 목숨 거는 어리석은 짓은 하지 말아야 한다.

자기관리 10

주말과 휴일도 목표와 계획을 세워 의미 있게 보내라

신입 사원 시절에는 주말과 휴일을 어떻게 보내는지도 참 중요하다. 하나의 습관을 만든다는 측면에서 보면 첫 1년간의 생활 방식이 20~30년간 이어질 확률이 높기 때문이다. 금요일까지 열심히 일했으니 토요일은 '일단 푹 자자'라고 생각하고 행한다면 그 사람의 미래가 밝기는 어렵다. 평일은 누구나 열심히 직장 생활을 한다면 개인의 잠재력이나 실력의 차이는 주말에 발생하기 쉽다. 편하게 퍼져서 자고 쉬느냐, 아니면 의미 있는 생활로 미래 경쟁력의 기초를 다져가느냐에 따라 미래에 엄청난 차이가 벌어진다.

과거에 직장인들은 토요일도 근무하는 날이라서 출근했으며 일요일도 출근하지 않으면 좀이 쑤시곤 햇다. 하지만 지금은 토, 일요일이 공휴일이 되었으니 일주일 중 2/7, 즉 30퍼센트에 해당하는 시간이 휴일이다. 더구나 자신이 선택하고 결정하면 어떤 용도로도 활용할 수 있는 시간이므로 더욱 중요하다.

이런 시간을 계획적으로 보내야 성공할 가능성이 높아지는 것이다. 주말이라 헐렁하게 보낸다면 그 당시에는 즐거울지 모르지만 지나고 나면 후회할 가능성이 높다. 주말을 어떻게 보내는지가 인생의 미래를 결정할 가능성이 매우 높다. 어떠한 목표라도 좋다. 자신의 꿈을 이루기 위하여 주말에 할 수 있고 해야 할 과제를 정하고 실천해나가는 사람은 그 꿈을 이룰 가능성이 높아진다. 주말은 누구에게나 자유로이 사용할 수 있는 시간이니 다양한 아이디어로 계획을 짜보자. 선배의 조언이나 부모님의 도움을 받아도 좋다. 다만 자신의 원대한 꿈과 연결될 수 있는 활동이라야 의미가 있다.

필자의 판단으로는 신입 사원 1년 동안은 조직과 일을 배우는 시기이니 주말이라도 업무에 관련된 책자나 전문지식을 공부하고 건강을 관리하고 비공식적인 교류를 하는 기회로 활용하는 것이 가장 바람직하다고 생각한다. 그러니까 간추리면 운동/독서/교류로 요약할 수 있는데 동료들과 어울릴 수 있는 운동이나 등산, 낚시 같은 동호회 활동을 하는 것도 바람직하다. 특히 운동은 한 주일 업무나 음주로 쌓인 스트레스와 노폐물을 섞어내는 기회로 활용할 수도 있으니 기대 이상의 효과를 거둘 수 있다.

20대의 신입 사원이라 해도 시간이 그리 많지는 않다. 인생 전체는 접어두고라도 약 25년 전후의 직장 생활로만 계산해봐도 날짜로 환산해보면 8000일 전후에 불과하다. '하루하루를 어떻게 보내느냐' 특히 '업무에서 해방되는 주말을 의미 있게 보내느냐'는 인생 설계나 꿈, 장기적인 목표를 이루는 데도 매우 중요하다.

필자의 생각으로는 되도록 토요일에는 운동과 교류를 하며 보내고, 일요일은 가족과 함께하면서 혼자서 할 수 있는 독서 등을 하는 것이 더 효율적인 것 같다. 이를 뒤바꾸면 월요일에 체력 회복이 덜 되어 피곤할 수도 있다. 토요일은 체력을 소모하는 운동 등을 하고 일요일은 체력 소모가 덜한 사회활동과 독서를 하는 것이 더 바람직한 순서일 것이다.

다만 운동을 하더라도 되도록 여럿이 함께 참여하는 운동을 하는 것이 좋다. 채용면접 시에도 학창 시절 동우회 활동이나 취미 생활 중 여럿이 단체로 하는 운동(축구, 야구, 농구 등)을 한 경험이 자기소개서에 기록되어 있으면 좋은 점수를 받는다. 등산이나 축구, 테니스나 족구, 농구 등을 하며 동료들과 같이 어울리는 것 자체가 하나의 소통과 친교의 방법이고 작은 조직 생활을 경험해보는 것이기 때문이다. 그래서 혼자서 하는 육상이나 볼링 같은 기록 경기보다는 여럿이서 팀워크를 다지면서 성과를 만들어가는 운동을 하는 것이 조직 생활에서는 더 유익하다.

인간관계

01 신입 사원다운 활력과 패기를 가지고 주위에 역동성을 펼쳐라
02 직원을 이성으로 보지 마라
03 술은 마시되 통제할 줄 아는 사람이 되어라
04 인사부서, 교육부서 선배들을 잘 사귀어놓아라
05 환경미화, 영선, 보안, IT 쪽 직원들과도 교류하라
06 상사를 감동시켜라
07 상사나 동료에게서 장점을 발견하도록 노력하라
08 상사에게 물어보는 것을 망설이지 마라
09 조직이나 상사에 대한 불평불만을 입 밖에 내지 마라
10 남의 말을 함부로 하거나 옮기지 마라
11 좋은 인상을 심어줄 수 있도록 노력하라

인간관계 01

신입 사원다운 활력과 패기를 가지고 주위에 역동성을 펼쳐라

대학에 합격하여 처음 들어가면 자기 동아리에 들어오라고 여기저기서 손짓을 한다. 대개 수업은 1학년끼리만 같이 받지만 이런 동아리나 학회 모임에는 선배들이 우글거린다. 신입생이 점잔빼고 앉아 있으면 좋아하는 선배가 없듯이 직장에 취업하여 신입 사원이 되었다면 패기와 열정, 활력으로 똘똘 뭉쳐진 느낌을 주어야 한다.

신입 사원은 조직에 신선한 생명력과 에너지를 불어넣어야 한다. 아무리 능력이 뛰어나도 그런 활력이 없으면 장기적으로 인재로 대접받고 성공하기 어렵다. 그런 활력으로 주위 사람들의 시선과 마음을 끌어모으고 그 중심에 서야 한다. 대개는 신입 사원 교육에서 익혀서 오겠지만 인사도 씩씩하게, 대답도 시원하게, 행동도 서슴없이 해야 보는 이도 든든하게 생각한다.

선배들 사이에서 우리 부서에 '물건' 하나 들어왔다는 평판이 돌아야 바람직하다. 신입 사원이 들어왔는데 있는지 없는지 존재감이 없다면 그 개인은 물론 조직도 살아나지 못한다. 조직도 생명체라는 이야기는 이러한 새로운 세포(신입 사원)로 인하여 조직이 동태화되고 에너지가 충만한 상태로 만들어짐을 의미한다. 조직이 나이 든 사람을 내보내고 젊은 신입 사원을 채용하는 이유는 이러한 역동성을 조직에 심어가기 위한 경영 활동의 일환이기도 하다.

그러나 안타깝게도 타고나지 않으면 역동성이나 활력을 발휘하는 것도 쉬운 일은 아니다. 그러나 노력하고 시도해야 한다. 노력하다 보면 성격도 점점 조직 생활에 적합하게 바뀌어간다. 필자도 내성적인 성향을 가지고 있었지만 직장 생활에 익숙해지고 여러 사람들과 활발히 교류하다 보니 지금은 많이 바뀌어 말 많고 시끄러운 사람으로 분류된다. 천성은 얼굴과 표정에 쓰여 있기 때문에 선배들도 진즉에 알아본다. 하지만 천성적으로 조용한 사람이라 해도 노력조차 하지 않으면 점점 겉돌게 되고 중심에서 밀려나기 쉽다.

사실 필자는 매사 분석적이고 침착하고 내성적인 성격이라 조직이 요구하는 이런 활력과 패기가 부족했다. 더구나 대학을 재수 후에 들어갔고 대학원도 진학했으며 상대적으로 복무 기간이 긴 공군 장교 생활 4년까지 마치고 30살에야 입사를 했으니 같이 입사한 동기들보다 두세 살이 많았다. 따라서 신입 사원다운 패기를 보여주기가 만만치 않았다. 그러나 겉으로 드러나는 패기는 부족했어도 업무적으로 왕성한 도전의식과 열정을 보여준 덕분에 부서에서 상사에게 인정받고 순조로이 회사 생활을 시작할 수 있었다.

  사람마다 성정이 다르므로 억지로 활발한 척하기가 그리 용이치만은 않다. 하지만 그렇다고 하여 침잠해 있다면 주목받는 인재가 되기 어렵다. 자신만의 방법으로 활력과 패기를 불어넣을 길을 개척해나가야 한다. 신입 사원 시절에는 에너지가 느껴지는 물리적이고 외형적인 활성화가 더 바람직하지만 자기 성정에 맞지 않는다면 내면적인 활력과 근성으로 승부해도 문제가 되지는 않는다. 실제로 보험 영업 직종에서는 내성적인 사람이 근성과 끈기를 갖출 경우 영업 성과가 더 높았던 사례가 많았다.

  활력과 패기를 높이는 방법 중 하나로 아침에 일어나면서 스스로 하는 다짐을 통하여 자신에게 최면을 거는 방법이 있다. 우선 기상하면서 바로 일어나지 말고 약 5분간은 몸의 마디마디를 스트레칭을 하면서 마음속으로는 새로운 하루를 즐겁고 긍정적으로 지낼 수 있도록 다짐한다. 스트레스를 주는 미운 상사도 예쁘게 볼 수 있도록 기도나 다짐을 하고, 나로 인하여 조직이 즐겁고 활기차게 해달라고 기도한다.

  신입 사원 시절에는 하루하루가 새롭다. 일도 사람도 조직도 새로움의 연속이다. 그것은 받아들이는 사람에 따라서는 스트레스일 수도 있고 즐거움일 수도 있다. 그것을 새로운 자각과 인식의 기회로 즐겁게 받아들이도록 매일매일 다짐이나 기도를 하면 스스로 자기최면 효과를 발휘한다. '일도 가르쳐주고 사회생활을 익히게 해주고 친구들도 많이 만들어주며 거기다 월급까지 주니 얼마나 좋은 곳인가!'라고 생각하면 하루하루가 즐겁고 직장에 일찍 출근하고 싶을 것이고, 만약 그 반대로 생각하면 하루하루가 지옥일 것이다. 지옥에 살 것인지 천국에 살 것인지는 스스로 결정하는 것이다. 신입 사원다운 패기와 활력으로 조직을 에너지가 넘치는 일터로 만들어가는 것이 신입 사원에게 주어진 한 가지 역할이다.

잘 아는 후배는 천성적으로 이런 활력이 부족했다. 그래서 직장에서 모르는 사람들을 만나고 그들과 같이 일하는 것 자체가 스트레스였고 소극적일 수밖에 없었는데 고민 끝에 《적극적 사고》라는 책을 읽고 유사한 교육과정을 휴일을 이용하여 수료하면서 말과 행동을 적극적·주도적으로 할 수 있는 기술을 익혔다. 처음에는 사람 만나기를 두려워하고 뭘 물어도 대답도 잘 못하고 쭈뼛쭈뼛 하더니만 얼마 안 가 생동감이 넘치는 중견 사원이 되어갔다.

자신이 없으면 관련 서적을 보거나 교육과정을 통해 배우거나 좋은 선배들을 따라다니며 활력을 키우려는 노력을 기울여야 한다. 군대에서도 내무반에 신병이 전입하면 여러 가지 형태로 고참들이 골탕을 먹인다. 500원 동전 하나 주면서 "PX에 가서 칫솔과 과자, 우유를 사 오고 남는 것은 잡비로 쓰라"는 말도 안 되는 소리를 쏟아낸다. 이러한 고참들의 행동 역시 신병에게 활력과 용기를 불러일으키려는, 오랫동안 전해 내려오는 후임병 교육법의 하나다. 고참들의 황당한 지시에 어이없어 하거나 불만을 토로하기보다는 씩씩하게 대답하고 하는 데까지 열심히 하다 보면 어느새 익숙해지고 자신도 고참이 되어간다.

기업에서도 대부분 채용 면접 시에 이러한 활력을 테스트하여 적정한 사람을 뽑으려고 하지만 본래 타고난 활력이 부족하더라도 의도적으로 꾸며낸 활력으로 면접을 통과하는 요령꾼들도 있다. 그러나 입사 후에 면접 시와 다른 모습을 보인다면 상사들에게 인정받고 사랑받기는 힘들 것이다. 활력이 부족하면 노력하는 모습이라도 보여야 선배나 상사에게 키워야 할 재목으로 인정받는다.

>> **스스로 활력과 패기를 불어넣는 방법**
- 아침 일찍 일어나며 하루를 활기차고 긍정적으로 보낼 것을 다짐한다
- 선배들보다 먼저 출근하여 콧노래라도 부르며 하루를 준비한다
- 서류 정리나 청소 등 밀린 잡무를 처리한다
- 사무실 집기가 흐트러져 있으면 깨끗이 정리 정돈한다
- 대답은 힘 있는 목소리로 씩씩하게 긍정적으로 한다
- 잘 모르는 일은 즉시 묻고 도움을 청한다
- 출근하는 선배들에게 웃는 얼굴로 큰 소리로 인사한다
- 사무실에서 만나는 모든 이에게 반갑게 먼저 인사한다
- 실수나 잘못이 있었다면 즉시 사과하고 용서를 구한다
- 업무 발표나 회식 자리, 노래방 등에서 주저하지 않고 앞장선다

- (특히 여사원들에게) 물리적인 힘이 필요한 일이 있으면 서슴없이 나서서 도와준다
- 사무실이 너무 조용하면 적당한 시기에 커피를 돌리며 분위기를 전환한다
- 상사에게 지시를 받을 때는 반드시 복창하고 긍정적으로 수용한다
- 업무 연락이나 심부름도 불평 없이 웃는 얼굴로 한다
- 퇴근할 때도 씩씩하게 인사한다

인간관계 02

직원을
이성으로 보지 마라

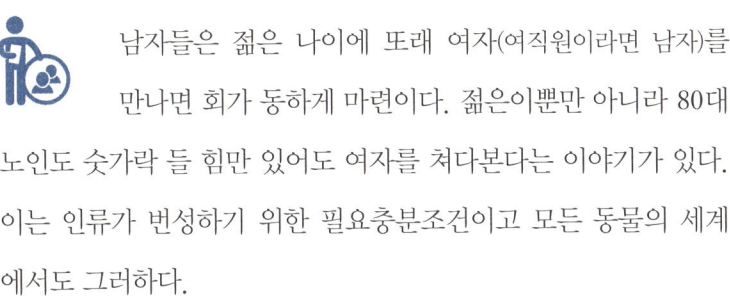 남자들은 젊은 나이에 또래 여자(여직원이라면 남자)를 만나면 회가 동하게 마련이다. 젊은이뿐만 아니라 80대 노인도 숟가락 들 힘만 있어도 여자를 쳐다본다는 이야기가 있다. 이는 인류가 번성하기 위한 필요충분조건이고 모든 동물의 세계에서도 그러하다.

필자가 이러한 자연현상을 비난하거나 외면하라는 취지로 이야기하는 것은 아니다. 그러나 회사에서의 연애나 사소한 접촉은 의외로 큰 반향을 불러일으킨다. 과거 20~30년 전만 하더라도 이성 간의 가벼운 접촉은 친밀감의 표시로 받아들여지거나 묵인되곤 했다. 하지만 요즘은 전혀 그렇지 않다. '원하지 않은 접촉'은 바로

범죄행위가 되는 세상이다.

　특히 술 한잔 마시고 취한 상태에서 사무실 동료를 술집 여자로 착각해 말과 행동을 함부로 해서는 절대로 안 된다. 아무리 일에 귀신이고 조직에 대한 충성심과 열정이 강하더라도 이 사안만큼은 절대로 용서받기 어렵다. 선배들도 이런 일은 변호해줄 수 없음을 명심해라. 그저 직장에서 만나는 이성은 이성이 아니고 범접할 수 없는 무서운 상사라고 생각하고 행동해야만 실수를 없앨 수 있다.

　필자가 아는 적잖은 후배나 동료들이 이러한 문제로 청운의 꿈을 접고 면직되어 회사를 나갔다. 요즘은 회사에 신입 사원으로 입사하면 성희롱 예방 교육을 정기적으로 받기 때문에 아주 극소수의 간 큰 남자들을 제외하고는 이런 문제를 고의로 일으키지는 않는다. 타고난 성정이 과격하거나 남성 우위의 가부장적인 분위기에서 성장한 일부 남성들은 아직도 여성을 만만하게 보는 경우가 있지만 대부분은 그렇지 않다. 필자가 경험한 직장에서 남녀 간에 문제가 되는 상황은 크게 다음과 같은 세 가지로 분류할 수 있다.

　첫째, 관리자인 남성이 자신의 우월적 지위를 이용해 부하 여직원에게 의도적으로 문제가 될 만한 행동이나 말을 하는 경우다. 설사 의도적이지 않다 하더라도 반말을 하거나 여성 비하적인 언행을 하는 경우도 해당된다. 그렇게 구체적이지 않더라도 지위를 빙자하여 은근히 여직원을 성적으로 위협하거나 협박하는 경우 과거에는 여직원들이 알고도 속으로만 끙끙 앓는 일도 많았지만 요즘은 그렇게 호락호락하지 않다. 직속 상사라 하더라도 인사부서나 외부 상담기관에 고발해버리는 경우가 대부분이라 상사들도 조심해야 한다. 최근에는 이러한 성희롱 문제가 비단 남성 관리자와 여성 부하 직원 사이에서만 일어나는 일은 아니고 그 반대의 경우도 일어난다.

둘째, 여직원이 타고난 친절함을 발휘해 자신의 책상을 정리해주거나 커피 한잔을 타주거나 따뜻한 눈길을 주는 등 우호적인 서비스를 베풀어줄 때 남자 직원이 자신을 남자로서 좋아하는 줄 착각하여 자신도 친밀감을 표시하려고 접촉이나 반말을 하는 경우다. 사실 이것이 미혼자들끼리 서로 호감을 표현하는 연애의 전초 단계면 문제가 없지만 개인적인 호감이 아닌 여성의 타고난 친절함이나 서비스 정신에서 우러난 일이라면 일이 커진다. 여성들은 대부분 남자들보다 친절하고 따뜻한 편이다. 그런데 남자들이 이것을 자신에 대한 개인적인 호감으로 착각하면 문제가 생긴다. 접촉이나 반말 등 생각지도 않은 의외의 대우를 남자 직원에게 당하면 개인적인 호감에서 비롯된 행동이 아니라고 생각한 여성은 회사 인사부서나 여성상담센터에 민원을 넣거나 고민 상담을 신청하게 되고, 엉뚱한 망상을 한 그 남자 직원은 코너에 몰리게 된다. 여성과 남성 간에는 인식과 가치에 엄청난 차이가 있음을 미리 공부하는 것이 이런 문제를 사전에 예방하는 지름길이다. 늦게야 후회하고 깨달았을 때는 이미 되돌릴 수 없는 상황이 되어버렸을 경우가 많다. 10년 이상 조직에서 근무하고 이러한 경험이나 사례를 많이 접한 관리자들은 문제가 상대적으로 적지만 신입 사원들은 사전 지식이 부족하므로 각별히 조심해야 한다.

셋째는 퇴근 후 남녀 동료들과 어울릴 때 발생하는데, 신입 사원들이 가장 자주 범하는 실수이기도 하다. 술 한잔 오르면 남자들이란 이성적인 분별력이 떨어진다. 술집에서 접대부와 사무실 여직원을 혼동하는 경우가 가끔 생기며 맨정신일 때는 분별력이 있으나 술이 취하면 이런 판단력도 희미해진다. 이럴 때 접촉이나 폭언, 성차별적인 발언, 성희롱이나 성폭력 같은 불미스런 일이 일어나기도 한다. 이런 사태가 발생하면 대부분 돌이킬 수 없는 결과를 낳는다. 피해 여성이 용납하거나 참아주면 문제는 덜하다. 그러나 요즘 여성들이 참아주는 일은 별로 없다. 피해자가 아니더라도 주변에서 이런 상황을 인지한 제3자가 고발하는 경우도 허다하다. 이러한 사안으로 평판이 나빠지거나 진정이 들어가면 아무리 훌륭한 인재라 하더라도 회사는 징계를 내려야 하고 대개는 해직된다.

여자 문제만큼은 신입 사원이든 관리자든 임원이든 그 처리에 차이가 없다. 성적인 접촉이나 접근을 여성이 원했다면 두 사람만의 개인적인 일이지만 만약 여성이 원하지 않았다면 이는 두 사람만의 문제가 아닌 회사의 규정이나 법규 위반으로 분류된다. 그렇지만 여성이 원하지 않는지 원하는지를 남자들이 알기는 극히 어렵다는 것이 문제다. 그래서 직장에서는 모두 원하지 않는다고 봐야 실수가 없다.

신입 사원 시절에 이러한 금기시되는 말이나 행동을 하지 않도록 몸에 익혀놓아야 직장 생활의 수명이 길어진다. 모름지기 직장에서 만나는 이성은 '불가원불가근'이 제일이다. 업무적으로는 친밀한 협조 관계를 형성할 필요가 있지만 남녀로 가까이 다가가면 문제가 터질 가능성이 높아진다.

인간관계 03

술은 마시되 통제할 줄 아는 사람이 되어라

술을 잘 마시는 것이 자랑은 아니다. 또한 술을 못 마시는 것이 직장 생활에 걸림돌이 되는 것은 아니다. 하지만 적당히 마실 줄 알면 인간관계나 일이 훨씬 더 '술술' 풀린다.

학창 시절엔 새벽까지 술 마시고 늘어지게 자더라도 엄마 잔소리 정도 들으면 그만이다. 그러나 직장 생활을 하면서 술 몇 잔 마시고 주사를 부리는 것을 받아줄 사람은 없다. 특히 신입 사원이 그런 행동을 한다면 상사나 동료가 참아줄 리 만무하다. 물론 회사가 꼭 필요로 하는 전문지식을 가지고 있다면 예외로 인정받을지 모르지만 99퍼센트는 우수 직원에서 제외된다. 아무리 훌륭한 지식이나 자격을 가지고 있더라도 술 마시고 난 후의 행동이 정상이 아니면 용서받을 수는 없다.

우리나라에서 직장 생활을 하면서 술을 피하기는 현실적으로 어렵다. 많은 사람을 만나고 소통을 통해 설득이나 합의를 이끌어 내야 하는 조직에서 술을 전혀 마시지 못하는 것은 직장 생활에 유리한 조건은 아니다. 특히 대외 접대 업무가 많은 부서에서는 술 실력이 업무 능력에 부가되어 힘을 발휘하기도 한다.

그렇지만 자기 주량을 알고 스스로 음주량을 통제 내지는 절제할 줄 알아야 직장 생활에서 성공할 수 있다. 술이란 직장 생활의 스트레스를 털어내고 주위의 지인들과 관계를 돈독히 하도록 도움을 주는 역할을 하지만 정도가 심해서 주사를 부리거나 폭음을 하면 오히려 사람들과 멀어지고 자신의 건강도 해치게 된다.

관리자의 술 실력은 조직 관리력과도 상관관계가 있다. 직원들을 데리고 적당한 선에서 술을 마시며 조직의 활성화를 추진할 수도 있다. 필자가 일하던 회사에 회사 업무를 전혀 알지 못하는 분이 최고경영자로 부임해 온 적이 있다. 처음 온 조직이니 사람도 일도 잘 몰라서 조직을 통솔하기도 적정한 의사결정을 하기도 어려웠다. 일은 핵심 스태프의 도움을 받으면 되겠지만 사람 관리와 장악은 금방 쉽게 되지 않는다. 그렇다 보면 조직은 경영자를 중심으로 일사분란하게 뭉치지 못하고 사분오열되거나 이런저런 파벌이 생기게 마련이며 회사 업무나 사람을 잘 모르는 최고경영자를 궁지에 몰아넣기도 한다. 이러한 일은 결국 권력의 핵심부에 일정 부분 공백이 생기기 때문에 발생하는데, 주로 외부에서 경영자가 전입해 오는 공기업 같은 조직에서 자주 일어난다.

그런데 필자의 회사에 부임해 온 그분은 현장을 방문하거나 스태프와 회식할 때 자신의 대단한 술 실력으로 직원들과 소통하고 조직을 제압하는 특출난 재주가 있었다. 그분과 술을 마셔본 사람들은 그 주량에 다들 혀를 내둘렀다. 술자리에서는 CEO의 위상을 확실히 보여준 것이다. 소주를 맥주잔으로 돌리는 그분의 술 실력에 다들 주눅이 들어 순응하고 말을 잘 듣게 되었다.

삼성에서는 이러한 '술을 통한 조직 관리'를 MBA라고 칭한다. MBA는 'management by alcohol'의 약자다. 직원들은 그분이 저녁 술 한잔하자는 제안을 해오면 지레 겁부터 먹고 요리조리 피할 방법을 강구하거나 도저히 피할 수 없으면 며칠 전부터 건강관리를 잘해서 만나기도 했다. 아무튼 업무는 잘 몰랐지만 술 실력으로 조직을 장악함으로써 이후 조직 관리를 용이하게 한 사례다. 아직도 그때 근무한 구성원들을 만나면 당시 그분의 대단했던 MBA를 입에 올리기도 한다. 따라서 술 실력은 건강만 보장된다면 조직 관리에 일정 부분 도움이 되는 것은 확실하다.

그러나 술은 정신과 신체의 균형을 흐트러트리고 여러모로 해악이 더 많음은 주지의 사실이다. 필자가 사원 때의 일이다. 과장 한 분이 임원도 참석한 술자리에서 술에 취하여 임원에게 반말과 쌍소리를 했다. 그 자리에서 그 임원은 웃고 말았지만 그 과장은 얼마 못 가 스스로 사표를 내고 회사를 나갔다.

모름지기 이런 주사를 피하려면 술을 적게 마시거나 아예 그런 자리를 피하는 것이 상책인데 그렇게 피하는 데도 한계가 있다. 그래서 술 마시는 요령이나 덜 취하는 요령을 익혀놓으면 유용하다. 아울러 술버릇이 나쁘면 주위 사람들이 한두 명씩 점점 멀어져 간다. 술 한잔 들어가면 혼자 대화를 독점하거나 폭력적으로 바뀌거나 반말을 하는 사람을 좋아하는 사람은 없다. 업무 능력이 아무리 출중하더라도 이러한 주사가 있는 사람을 중용하기에는 위험하므로 조직은 핵심 인재로 등재하지 않는다.

그래서 입사 면접 시에 주량이 얼마나 되는지 물어보거나 아예 인턴 과정을 통해 술을 먹여보고 그 이후의 반응을 보면서 채용 여부를 결정하는 기업도 있다. 이러한 주사는 조직 내부는 물론 외부 접대나 비즈니스에서도 큰 문제를 야기할 수 있다. 엄중히 접대해야 할 상대인데 술 한잔 마시고 취하여 엉뚱한 말을 하거나 주사를 부리면 일을 망치게 되고, 한번 그런 일이 생기면 그 직원은 가시밭길을 각오해야 한다.

다만 같이 술을 마시고도 너무 말똥말똥한 것도 상사로 하여금 기분 나쁘게 하는 요인이 될 수 있다. 그래서 술도 분위기에 맞춰서 적당히 마시고 적당히 기분 좋게 긍정적인 사람을 좋아한다. 술김에 상사에게 아부도 좀 하고 분위기를 띄우는 역할을 할 수 있다면 최상이다. 학창 시절에는 이런 음주와 관련한 해프닝이 학교를 졸업하면 추억이 되고 잊히기도 하지만 직장에서는 절대로 잊히는 법이 없다는 점을 명심해야 한다.

술은 많이 마시면 기억력이나 통제력을 상실케 만들기도 한다.

술 마신 김에 상사에게 진실한 충언을 한답시고 퍼부은 비판들이 술 깨고 나면 비수처럼 자신을 해치는 경우도 많다. 술 마실 때 동료나 선배들과 어깨동무하면서 만든 영원할 것만 같던 우정과 다짐들은 술 깨고 나면 대부분 허탕이다.

술은 적당히 마시면 직장 생활의 윤활유가 되지만 그 도를 넘으면 자신과 조직을 갉아먹는 독이 되기도 한다. 폭음을 하고 난 다음 날에는 기억도 없고 속은 쓰리고 집중력도 떨어져서 업무 능력이 떨어지고 의도치 않는 말실수도 하게 된다. 평균적으로 보아 소주는 1병 전후, 맥주는 2~3병 전후까지는 괜찮지만 그 이상 마시면 건강에도 조직 생활에도 친구 사이에도 해가 될 소지가 높다. 기업들이 이런 문제를 최소화하려고 119운동(1차에 한 종류의 술을 9시까지 마시기)도 하고 금주 캠페인도 벌이곤 하지만 참으로 통제하고 절제하기 어려운 것이 음주 습관이다.

적당히 마시는 것이 제일 좋지만 그것이 어려우면 일주일에 며칠만이라도 금주의 날로 정하는 것이 술을 줄이고 건강을 돌볼 수 있는 비책이다. 필자는 한동안 거의 매일 마시다시피 하다가 비만, 혈압 등 건강에 문제가 생기는 것을 보고는 일주일 중 월/금요일은 절대로 술을 마시지 않는다는 나만의 철칙을 세웠다. 통상 월요일에 술을 마시기 시작하면 일주일 내내 마시는 일이 많았기 때문이다. 물론 업무를 하다 보면 그런 다짐을 지키기 어려운 때도 있지만 음주 여부를 스스로 결정할 수 있는 경우에는 "선약이 있다"는 핑계 아닌 핑계를 대고 점심식사로 바꾸거나 다른 날로 연기하곤 했다. 자신과의 약속도 약속은 약속이니 선약이 있다는 말이 거짓은 아닌 것이다.

하루에 소주 두 병 이상을 마시면 보통 그 여파가 이틀은 간다. 그러나 일주일에 술 안 먹는 날을 며칠 정해놓으면 건강도 가정도 일터도 지킬 가능성이 높아진다. 화/목요일을 정해도 좋다. 가정의 '화목'을 지키는 날이라는 그럴듯한 명목도 덧붙이면 좋겠다. 아무튼 술을 좋아하는 사람은 어떤 방법이든지 술을 줄이는 자신만의 비책이 있어야 술로 인해 야기되는 여러 가지 문제를 예방할 수 있다.

인간관계 04

인사부서, 교육부서 선배들을 잘 사귀어놓아라

신입 사원들이 조직에서 처음 접하는 사람들은 인사부서의 채용 담당자와 교육 담당자다. 우선 채용 담당자는 입사지원서를 내면서도 만나고 취업 설명회에서도 만나며 면접 진행도 이들의 몫이기 때문에 가장 먼저 접하는 사람들이다. 이들은 채용을 주관할 뿐만 아니라 인사 업무에도 관여한다. 이들과 친하게 지내서 해될 것은 없다.

따로 교류를 트는 것도 중요하지만 이미 접해본 사람들과 교류를 이어가는 것이 훨씬 더 쉽다. 또한 인사부서원들도 자신이 채용한 직원이 자신에게 친밀히 접근하는 것을 마다하지 않는다. 인사부서 입장에서도 개인적으로나 업무적으로 현장의 후배들이 필요할 때가 많다. 현장의 분위기나 여건, 상황을 정확하게 잘 알아야 적절한 인사조치를 할 수 있기 때문이다. 그래서 오히려 인사부서 선배들이 후배들을 전략적으로 더 챙기기도 한다.

  필자는 입사 후 바로 채용 담당자로 일했기에 타 부서 후배들과 만날 기회가 많았다. 인사부서 입장에서는 현장 분위기나 상황 파악이 중요해서 사실 그들의 기탄없는 이야기나 정보가 필요하다. 친해지면 터놓고 현장 상황을 이야기해주기 때문에 현장에 적합한 인사를 시행하거나 새로운 인사제도의 방향을 설정하는 데 적잖은 도움이 되었다.

  그 후배들도 인사부서에 아는 선배가 있으니 인사에 대한 정보나 방침 등을 알고 자신에게 적합한 경력 관리를 할 수 있어 도움이 되었을 것이다. 아울러 아무래도 팔이 안으로 굽는 까닭에 자신에게 불리한 인사는 최소한으로 줄일 수 있다. 인사부서 선배들과 교류하는 것은 직장 생활의 지혜도 배우고 확실한 우군을 확보하는 지름길인 셈이다. 가끔은 인사부서 선배들에게 고민이 있다고 말하며 저녁 한번 사달라고 해라. 그래서 친하게 지내면 여러 가지로 도움이 될 일이 많다.

  마찬가지 이유로 교육을 담당하는 선배들과도 친하게 지내라. 의도하지 않아도 입사하면 만나게 되는 사람들이라 마음만 먹는다면 어려운 일이 아니다. 회사의 인사, 교육과 관련한 정보망을 확보하고 자신을 이해하고 챙겨줄 수 있는 충성스런(?) 내 편을 확보하는 길이다. 아울러 이러한 교육부서 선배들과 친해지면 관련

교재나 참고서적을 쉽게 빌려볼 수도 있고 업무교육 기회를 많이 얻을 수도 있다. 또한 교육, 인사부서에 근무하는 이들은 현장에서 우수한 성과를 낸 사람들이 많다. 따라서 그들과 소통하다 보면 현장에서 생활하고 일하는 데 도움이 되는 알찬 지혜를 배울 수 있다는 장점도 있다.

필자가 아는 CEO 한 분은 자신의 성공은 교육 선배를 잘 만난 덕분이라고 생각한다고 고백한 적이 있다. 누구나 조직에서 가장 먼저 만나는 사람이 교육 담당 선배인데 이분은 'CEO가 되겠다'는 생각을 그 선배가 이미 입사교육 당시에 품도록 도와주었다는 이야기도 털어놓았다. 그 교육 선배를 만난 행운이 오늘의 자신을 있도록 만든 가장 큰 요소라고 단언했다. 그 선배의 도움으로 자신감을 가지고 직장 생활에 임했으며 스스로 'CEO가 될 사람이……'라는 생각으로 모든 일과 사람을 대했다고 한다. 자신에게 최면을 걸고 준비하고 행동했다는 것인데, 그것은 신입 사원 교육 때 만난 그 담당 선배가 자신의 미래에 확신을 준 덕분이라고 결연히 설명해주었다.

그렇다. 인생이 이렇게 사람 한 명 잘 만나느냐 아니냐에 따라 좌우되기도 한다. 그렇지만 그런 선배를 만난 것도 자신의 의지가 있고 서로 의기가 상통한 덕분이라고 생각한다. 교육 선배들은 당연히 후배들이 사랑스럽고 대견하며 귀엽다. 교육 선배들은 자신들이 교육해 배출한 후배들을 자신의 지식처럼 사랑하고 챙겨주려는 성향이 있다. 따라서 그들의 성공을 지원하고 그 성과를 지켜보기도 한다. 후배의 성공을 자신의 것인 양 생각하기도 한다. 선배가 자신을 지원하지 않는다면 스스로 다가가서라도 선배의 응원을 받아내는 것도 좋은 방법이다.

다만 한 가지 꼭 유념할 사항은 다른 사람들 눈에 인사부서와 친하게 보이는 것은 바람직하지 않을 수도 있다는 점이다. 본사 핵심부서 사람과 친하게 지내는 것을 부러워하는 경우도 있지만 질시와 시기의 대상이 되기도 하고 때로는 본사의 간첩(?)으로 오인을 받기도 한다. 인사부서 선배가 알려주는 정보가 자신의 인사를 좌우하기도 하므로 인사부서와의 교류는 자연스러운 수준을 유지하는 것이 좋다. 즉 너무 가까이도 너무 멀지도 않은 정도로 친분을 유지하는 것이 여러 가지로 바람직하다. 인사부서와 가까운 사람을 조직에서 도외시하거나 배척하는 일들을 보아왔고, 같은 부서원들에게 이런 인식을 갖게 하는 것은 장기적으로도 바람직하지 않기 때문이다.

필자가 지방에서 사업부장으로 근무할 당시 인사부서에 있던 후배들이 필자를 위한답시고 필자와 친하게 지내던 테니스반의 후배들 몇 명을 필자의 부서로 발령 내준 적이 있다. 필자는 한사코 반대했지만 인사부에서 인사를 단행한 것이었다. 결과적으로 이 인사는 바람직하지 못한 결과를 낳았고 필자에게도 적잖은 부담이 되었다. 사내 평판도 나빠져서 "친한 후배들만 자기 부서로 데려간다"는 오명을 쓰기도 했다. 물론 친한 후배들이라 하여 필자가 일을 편하게 해주거나 근거 없는 좋은 평가를 한 적은 없고 오히려 더 엄격하게 관리했지만 한번 나빠진 평판이 나아진 것 같지는 않았다. 오히려 필자를 믿고 찾아온 후배들은 필자의 엄정한 조직 관리로 인하여 불이익을 받고 필자를 원망하기도 했다.

인사에 사적인 감정이 개입되면 이렇듯 부작용이 발생한다. 사내 친교를 업무나 인사에 연관 지어서는 바람직하지 않다. 따라서 신입 사원들도 인간적이고 비공식적인 교류에 그쳐야 하고 인사 청탁이나 부담을 주는 언행을 해서는 오히려 부정적인 결과를 초래함을 주지해야 한다.

인간관계 05

환경미화, 영선, 보안, IT 쪽 직원들과도 교류하라

청소를 하거나 환경을 관리하는 직원, 사무실을 지키는 보안요원들과도 격의 없이 친하게 지내라. 또 일정 규모 이상의 회사에는 열쇠를 만들어주기도 하고 부서진 사무실 집기도 고쳐주는 영선을 담당하는 직원이 있는데, 언젠가는 이들의 도움을 받아야 할 일이 생긴다. 이들이 업무적으로 실익을 주기는 어렵지만 필요할 때 한두 번은 꼭 적잖은 도움이 된다. 대개는 나이가 드신 분들이나 불우한 여건이나 낮은 학력으로 그 자리에 있는 분들이어서 정에 굶주려 있는 경우가 많으므로 먼저 커피 한잔 챙겨주며 손을 내밀면 친하기가 어렵지 않다.

사실 이분들이 자신의 일을 게을리하거나 조직과 일에 흥미를 잃는다면 불편하거나 피해를 보는 것은 바로 신입 사원 본인을 비롯한 조직 구성원들이다. 예를 들면 신분증을 잊어버려 사무실 출입이 어려울 때가 생기기도 한다. 정해진 절차를 거쳐 신분을 확인 받고 보안장치를 통과할 수는 있겠지만 보안요원과 개인적으로 친해놓으면 신분증 없이도 사무실 출입이 가능하다.

필자는 사무실 책상 서랍 키를 집에 두고 와서 영선 담당의 도움을 받은 적도 몇 번 있다. 누구에게나 닥칠 수 있는 일인데 평소에 친해놓으면 사소한 일이 쉽게 풀린다. 가끔은 이들과 소주도 한잔씩 하면서 응어리를 풀어주는 수고를 한다면 인간적인 친구도 얻을 수 있고 사내 동향도 더 일찍 정확하게 알 수 있다.

사내 구석구석을 돌아다니는 환경미화 사원들도 회사가 돌아가는 분위기나 사내 정보를 가장 많이 아는 사람들 중 하나다. 이들에게 귀동냥으로 들은 이야기가 자신의 처세에 도움이 되는 경우도 적지 않다. 물론 이들을 자신의 목적을 위한 도구로만 생각하면 안 되고, 진심으로 친하게 지내면서 서로 의지할 수 있는 좋은 동료가 되라.

자신이 맡은 업무와 직접적인 관련이 없다고 하여 무시하거나 냉대해서는 안 된다. 같은 공간에 있는 사람은 언젠가는 서로 도움을 주고받을 기회가 꼭 오게 마련이다. 필자는 신입 사원 시절에는 미처 이분들과 적극적인 교류를 하지 못했지만 사업부장으로 재직 시 이분들과 식사도 하고 선물도 주며 친교를 돈독히 한 바 있다. 그 덕분인지 우리 부서 화장실을 자기 집같이 깨끗이 청소해주어서 외부에서 '깨끗한 화장실' 상을 받은 적도 있고 사내에 흘러다니는 살아 있는 정보들도 접할 수 있다.

아울러 IT 쪽 직원들과도 교류를 하는 것이 좋다. 현대는 인터넷, IT 시대라 언젠가는 IT부서의 도움이 필요한 일이 생긴다. 평소에 업무와 관련이 없다고 하여 이들을 남 보듯이 해서는 안 된다. 그러다가는 PC가 고장 나거나 기술적인 도움이 꼭 필요할 대 서비스가 지체되거나 낭패를 보는 일이 종종 발생한다.

부서 공용 PC나 프로젝터가 고장 났다고 상상해보라. 급한 프레젠테이션을 해야 하는데 이런 장비들이 말썽을 일으키면 부서장이나 모두가 당황하고 짜증을 낼 것이다. 그런데 신입 사원이 자신의 개인적인 친분을 통해 긴급히 IT 인력을 호출해서 즉시에 고쳐놓는다면 상사들은 그 신입 사원을 다시 볼 것이다. 또한 이런 교류를 통하여 IT 쪽의 신기술을 한두 가지라도 배워놓으면 일을 하거나 조직 생활에 도움이 되는 일이 자주 있다. 작은 노력으로 직장 생활을 조화롭게 할 수 있는 비법이니 잊지 말길 바란다.

인간관계 06

상사를
감동시켜라

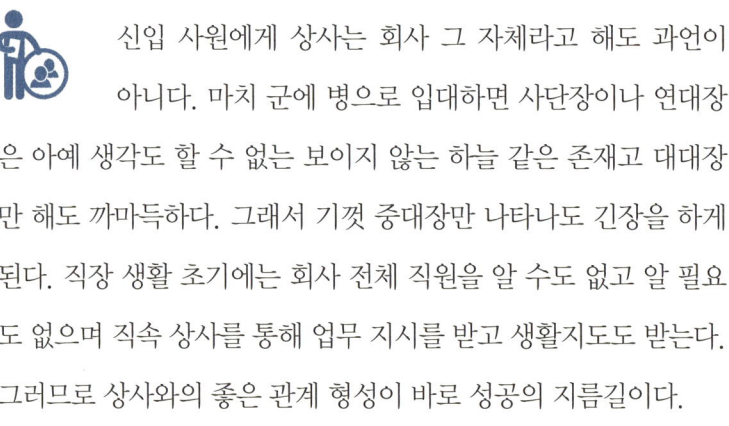
신입 사원에게 상사는 회사 그 자체라고 해도 과언이 아니다. 마치 군에 병으로 입대하면 사단장이나 연대장은 아예 생각도 할 수 없는 보이지 않는 하늘 같은 존재고 대대장만 해도 까마득하다. 그래서 기껏 중대장만 나타나도 긴장을 하게 된다. 직장 생활 초기에는 회사 전체 직원을 알 수도 없고 알 필요도 없으며 직속 상사를 통해 업무 지시를 받고 생활지도도 받는다. 그러므로 상사와의 좋은 관계 형성이 바로 성공의 지름길이다.

대부분 부하 직원들에게 상사란 참으로 어려운 존재고 스트레스의 주범(?)이기도 하다. 그러나 그러한 상사를 극복하지 않고서 성공할 방법은 없다. 능력과 열정으로 상사를 극복하고 넘어서야만 비로소 성공으로 가는 능선이 보이기 시작한다. 상사를 스트레스의 원천으로만 본다면 직장 생활은 참으로 불행의 연속이다. 매일 만나야 하고 깨어 있는 시간의 2/3 이상 얼굴을 접하는 것이 상사와 동료다. 이들과 좋은 관계를 형성하는 것이 바로 직장 생활의 시작이요 끝이다. 따라서 스트레스를 주는 존재로 인식하지 말고 나를 가르쳐주는 인생 선배나 부모처럼 존경하고 모셔야 성공이 가까워진다.

필자는 대학원 진학 후에 26살이라는 늦은 나이에 군대에 입대했는데 훈련소에서 만난 훈육관은 필자보다 세 살이나 어렸다. 이것도 생각하면 엄청난 스트레스의 원인이고 생각만으로도 짜증을 일으키는 이유가 된다. 그러나 어차피 피할 수도 없는 일이라 필자는 긍정적으로 생각하도록 스스로 자신에게 최면을 걸었다. 이분들은 '나랏돈으로 나를 훈련시켜 건강한 신체와 정신을 갖추도록 해주는 고마운 분'들이라고, '발 벗고 나서서 매일 표준적인 신체 운동과 교육으로 몸과 정신을 맑게 해주는 고마운 분'들이라 생각했다. 기합이나 얼차려를 받을 때도 즐거운 마음으로 받아들였다.

사실 생각해보면 정말 고마운 분들이 아닌가? 당시 잦은 술과 공부를 핑계로 운동을 등한시하여 몸도 망가지고 체중도 많이 불어 있었는데 6개월의 장교 훈련 덕분에 군살 없는 미끈한 몸매가 된 기억이 새롭다. 요즘도 당시의 싱싱한 근육과 '왕' 자가 뚜렷이 드러나는 사진을 보면 흐뭇한 미소가 배어나온다.

상사도 우리와 똑같은 신입 사원 시절을 겪었고 그런 과정에서 성장한 분들이다. 기본적으로 이해하지 못할 이유가 없는 것이다. 그러나 업무적으로 자신을 지휘하고 명령에 복종해야 하며 잘못하면 잔소리를 늘어놓는 존재이기도 하므로 스트레스를 받지 않기는 쉬운 일이 아니다.

그렇지만 잘 생각해보면 그들도 우리와 같은 인간이고 가족도 있고 나이로 치면 큰형이나 삼촌에 해당하는 연배다. 그들과 친하게 지내고 귀여움을 받으려면 우선 일을 잘해야 할 것이고 상사를 피곤하게 하거나 곤욕스럽게 만드는 사고를 치지 말아야 할 것이다.

도움이 되는 몇 가지 요령이 있다. 우선 상사의 스타일을 조기에 파악하는 것이다. 필자가 신입 사원 시절 모신 과장 한 분은 사원들의 제안이나 주장에 늘 반대 의견을 제시하는 경향이 있었다. 몇 번 그러한 일을 겪고 난 이후 우리는 요령을 체득했다. 즉 우리가 주장하고픈 방향과 반대되는 제안을 한 것이다. 그러면 그 상사는 당초 우리가 주장하려고 한 방향으로 업무를 지시했는데, 그때마다 속으로 쾌재를 부른 기억이 있다.

이렇듯 업무 스타일이나 취미, 선호하는 음식 등을 알고서 적절하게 대응하면 귀여움을 받는다고 장담하지는 못해도 적어도 노여움의 대상이 되지는 않을 것이다. 필자가 알기로는 아부를 싫어하는 상사는 지구 상에 존재하지 않는다. 아부를 생활화하라는 이야기는 아니지만 적어도 상사가 싫어하는 일은 벌이지 말아야 한다.

부서장과 점심을 먹으러 가면 식사를 마친 후 먼저 일어나 상사에게 이쑤시개를 대령하는 후배가 있었다. 물론 상사에게만 제공한 것은 아니지만 상사가 제일 먼저 식사를 끝내고 입을 다시고 있을 때 상사가 말하기 전에 센스 있게 상사가 원하는 서비스를 제공한 것이다. 필자는 생각하지 못한 일이라 참으로 기특한 생각이 들었다.

그 후배는 점심시간이 되어가면 상사의 점심 약속이 있는지 없는지를 파악해 약속이 없으면 먼저 상사에게 "약속 없으시면 점심 같이 하시죠"라고 제안함으로써 상사가 난처한 입장에 처하지 않도록 배려해주었다. 상사로서는 점심을 누구하고든 함께 먹어야 하는데, 먼저 같이 가자고 했다가 후배들이 선약이 있다며 거절하면 상사로서 창피한 일이니 선뜻 말을 꺼내지 못할 수도 있다. 이때 눈치껏 상사에게 먼저 "점심 한번 사주시죠"라고 제안하면 점심도 공짜로 먹고 상사의 기분도 맞춰줄 수 있다. 상사가 원하는 바를 사전에 파악하여 적절히 모양을 갖추어서 처리하는 센스가 중요하다는 이야기다.

필자가 만난 후배 중에는 이런 사람도 있었다. 과장 시절 매주 월요일에 부서 회의를 했는데 입사 2년 차였던 후배 하나가 매주 한두 가지씩 업무 개선 아이디어를 제시하곤 했다. 사실 월요일에 신입 사원이 업무 아이디어를 낸다는 것은 휴일에도 회사 업무를 골똘히 생각했다는 증거며 결과적으로 채택이 된다면 부서 업무 효율화에도 기여하는 일이라 여러 가지로 칭찬을 받을 일이다.

그러한 아이디어 중에는 비현실적이거나 망상에 가까운 내용도 없진 않았지만 그 열정과 회사 지향성은 높이 살 만했다. 그 후배는 매주 그렇게 한두 가지 아이디어로 부서 업무를 개선했을 뿐 아니라 다른 동료들에게도 자극제가 되었고, 부서장은 그 후배를 꼭 필요한 인재라고 생각하게 되었다. 신입 사원이 상사를 감동시키는 것은 쉬운 일이 아니지만, 신입 사원에게 기대하는 수준도 그리 높지 않기에 적은 노력으로도 좋은 결과를 얻을 수 있는 것이다.

인간관계 07

상사나 동료에게서 장점을
발견하도록 노력하라

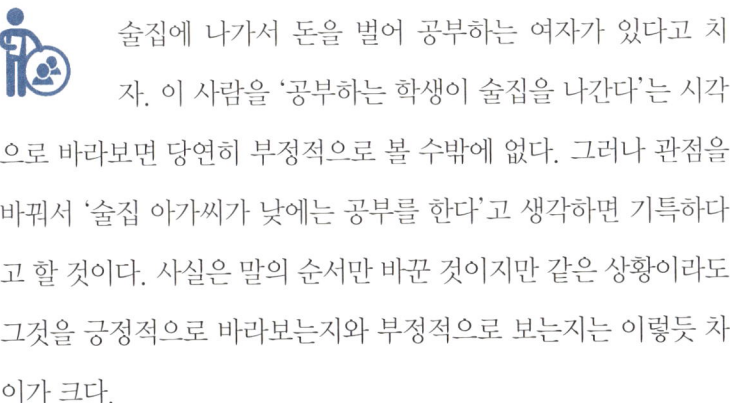
술집에 나가서 돈을 벌어 공부하는 여자가 있다고 치자. 이 사람을 '공부하는 학생이 술집을 나간다'는 시각으로 바라보면 당연히 부정적으로 볼 수밖에 없다. 그러나 관점을 바꿔서 '술집 아가씨가 낮에는 공부를 한다'고 생각하면 기특하다고 할 것이다. 사실은 말의 순서만 바꾼 것이지만 같은 상황이라도 그것을 긍정적으로 바라보는지와 부정적으로 보는지는 이렇듯 차이가 크다.

비슷한 예로 '기도하면서 담배를 피운다'고 하면 용납되기 어렵겠지만 '담배 피우는 중에도 기도한다'고 생각하면 그것도 문제가 될 것이 없다. 같은 현상이라도 보기에 따라 이렇게 달라 보이듯이 사람에 대한 평가나 시각도 마찬가지다. 누구나 긍정적인 면과 부정적인 면이 있게 마련이다. 긍정적인 면만 있거나 부정적인 면만 있는 사람은 극히 드물다. 밝은 빛이 있으면 당연히 어두운 그림자도 생기는 법이다. 되도록 긍정적인 면을 보도록 노력하자. 그러면 본인은 물론 상대방도 긍정적이 된다.

교도소에 수감된 살인범에게서도 좋은 점을 찾을 수 있고 고고하기만 한 성인들도 찾아보면 약점이 있게 마련이다. 종교생활을 엄중히 영위하는 분들이라도 그 약점을 찾으려면 수십 가지를 찾을 수 있다. 종교인으로서만 보면 고고할 것이나 우리와 동일하게 먹고 자고 입는 생활을 하는 인간으로 바라보면 그 약점도 한두 가지가 아닌 것이다.

함께 직장 생활을 영위하는 상사나 동료도 마찬가지다. 누구나 장단점이 있지만 시선을 어디에 둘지가 참으로 중요하다. 늘 불만 어린 생각으로 상사나 동료를 대한다면 직장 생활은 말 그대로 지옥이 될 수 있다. 반대로 좋은 면만 생각한다면 그렇게 행복한 직장 생활이 없을 것이다. 모름지기 좋은 사람들과 일을 할 것인지 단점투성이들과 일을 할 것인지는 순전히 본인 마음먹기에 달려 있다. 모두를 좋은 시각으로 바라보면 늘 웃음이 넘치는 직장 생활이 될 것이고 반대의 경우라면 하루하루가 괴로움의 연속이 될 것이다.

필자는 가정생활도 마찬가지라고 생각한다. 자식들이나 배우자의 좋은 점을 바라보려고 노력해야 한다. 서로 칭찬하는 가족과 늘 불만만 쏟아내는 가족은 생활이 다르게 마련이다. 아침에 출근할 때 늘 이러한 장점 찾기를 할 수 있도록 기도해라. 인간인 이상 누구나 약점이나 단점이 있다. 그러나 장점을 더 부각시키면 그 사람들도 좋아지고 자연히 서로의 관계도 긍정적으로 형성된다. 그 반대의 경우에는 의외의 일로도 상황이 나빠지고 일이 점점 더 나쁘게 꼬여간다. 긍정적으로 보려고 노력하다 보면 자기도 모르게 가족들의 장점을 발견하게 될 것이다.

필자는 관리자로 근무할 당시 후배들의 장점을 정리하여 칭찬하는 시를 적어 준 일이 있다. 물론 그 후배들도 약점이 있었지만 장점만을 보려고 노력했다. 그러다 보니 늘 행복한 직장 생활을 할 수 있었다. 칭찬받은 사람은 열심히 일을 잘할 수밖에 없다. "칭찬은 고래도 춤추게 한다"는 말도 있지 않은가. 일을 하다 보면 마음에 안 차는 경우도 많았지만 그래도 칭찬을 통해 조직을 역동적으로 움직이려고 노력했다. 그러다 보니 칭찬을 받은 후배도 자신을 긍정적으로 바라보는 관리자에게 좋은 이미지를 가질 수밖에 없었고, 우리는 모두 행복하게 생활하면서 훌륭한 성과를 올렸다.

그런 인연과 연유로 필자가 회사를 그만둔 지 한참 지났지만 아직도 그들과 소통하고 인사를 주고받으며 가끔은 식사나 술자리도 갖는다. 만약 늘 야단치고 서로 경원시했다면 회사를 그만둔 지금까지 계속 연락을 하고 서로 만나기는 어려웠을 것이다.

신입 사원은 배워야 하고 늘 선배나 상사에게 신세질 일이 많다. 그러므로 의도적으로라도 선배나 상사들을 긍정적으로 보려는 노력을 기울여야 성공 가능성이 더 높아진다. 물론 저녁 시간에 술 한잔하면서 상사를 흉봐야 술맛도 나고 다음 날 미안해서 상사에게 더 잘한다는 역발상에도 일부 동의하지만, 애초에 존경하고 본받을 만한 상사로 모시고 동료들과도 긍정적으로 어울린다면 직장 생활도 재미있고 인생과 미래도 분명 밝아질 것이다.

참으로 기이하게도, 부정적으로 생각하고 늘 비난하면 언젠가는 그런 상사의 모습을 자기도 모르게 닮아간다. 고된 시집살이를 한 며느리가 나중에 자신의 며느리에게 똑같이 어렵게 시집살이를 시킨다고 한다. 직장 생활에서도 마찬가지로 자신이 모시는 상사를 자신도 모르게 닮아간다. 그러므로 남 욕하는 것은 할 짓이 못 된다. 나중에 자신이 그 위치에 섰을 때 비난받는 못된 상사가 되지 않으려면 상사를 긍정적으로 바라보며 직장 생활을 해야 한다.

인간관계 08

상사에게 물어보는 것을 망설이지 마라

신입 사원 시절에 업무에 정통하기란 불가능에 가까운 일이다. 처음 해보는 일은 당연히 잘 모르게 마련이고 어설프다. 그런데도 신입 사원이 상사나 선배에게 질문을 자주 하지 않으면 상사들은 내심 불안해한다. 모르면 물어야 하는데 혼자서 끙끙대거나 자신의 판단대로 행동해버릴까 봐 불안한 것이다. '불안'으로 끝나면 좋은데 지속되면 '불신'으로도 연결되는 것이 문제다.

신입 사원이면 물어봐도 된다. 모르는 것을 자신이 잘못 해석하고 엉뚱하게 처리하지 말아야 한다. 필자는 아는 것이라도 무조건 상사에게 물어보고 확인한 다음 일했다. 물어보는 것은 어쩌면 자신의 무지를 드러내고 자존심이 상하는 일일 수 있지만 신입 사원 시절에는 절대로 흠이 되지 않는다. 잘 모르는 것을 그냥 혼자 자기 방식대로 해석하여 잘못 해치우는 것이 더 문제가 되기 때문이다. 신입 사원 시절에 물어보지 않다가 나중에 중견 사원이 되어서 물어보고 일을 한다면 그것도 우습다. 그런 일은 신입 사원 때 거쳐야 하는 조직 생활의 통과의례인 셈이다.

일상생활에서도 마찬가지다. 필자가 부산에서 30년 생활을 마감하고 취업하여 서울에 처음 올라왔을 때 길 찾기가 무지 어려웠다. 한번은 시청 지하도로 들어갔는데 회사 쪽 출구를 눈으로 겨냥하고 들어갔지만 번번이 다른 출구로 나오는 실수를 저질렀다. 한두 번은 모르되 실패가 계속되니 짜증도 나고 자신의 방향감각에 대하여 회의가 들기도 했다. 그러다 결국은 지나가는 사람에게 물어보기로 했다. 물어본즉 필자가 출구 바로 앞에서 헤매고 있었던 것이다.

"입이 서울이다"라는 말도 있듯이, 신입 사원이 많이 물어보는 것은 부끄러운 일이 아니라 당연한 것이고 시간을 줄여주고 일을 효율적으로 할 수 있는 방편도 된다. 이후에는 늘 조금이라도 의문스럽거나 애매하면 꼭 물어보고 일을 하는 버릇이 들었다. 고민하지 말고 주위 선배들에게 물어보는 것이 인생을 편하게 살고 선배들에게 신임받는 지름길이 될 수도 있다.

일반적으로 선배나 상사는 후배나 부하 직원이 가끔은 물어봐주기를 원한다. 그것이 상사에 대한 존경과 믿음, 후배를 가르친다는 자부심과도 연결되어 있기 때문이다. 또한 회의나 공식 절차를 통하지 않고도 소통하며 업무 방향을 정할 수 있는 좋은 방법이기도 하다.

그러나 같은 일을 여러 번 물어보면 선배들도 짜증이 난다. 직장인은 늘 시간에 쫓기게 마련인데 같은 일을 물어보고 또 물어보면 부아가 난다. 그렇지만 안 물어보고 엉뚱하게 하는 것보다는 그래도 물어보는 편이 낫다. 선배나 관리자에게 야단을 맞더라도 물어봐야 한다. 신입 사원이 선배에게 야단 한번 안 맞고 일을 야무지게 하는 것은 선배나 상사의 존재감을 떨어뜨리는 결과가 되어 과히 좋아하지 않는다. '혼자 잘난 놈'으로 매도당할 수 있고, 잘하다 한두 가지 실수를 하면 그때 몰아서 야단을 맞게 된다. "잘난 척하더니만 별수 없네"라고 핀잔을 듣기도 한다.

그래서 어떤 이는 자신이 잘 아는 일도 일부러 상사에게 물어보고 그 지시나 방향을 듣고 일을 한다. 그러면서 상사에게 고마움을 표시하고 자부심을 심어주거나 존경심을 표하는 말을 잊지 않는다. "역시 과장님은 대단하세요. 저는 언제 그렇게 되죠?" 정도의 자연스런 멘트는 상사로 하여금 자부심을 느끼게 해준다.

이런 사람은 어찌 보면 대단히 영악한 사람이지만 상사 입장에서는 정말 미워할 수가 없다. 직장 생활은 어쩌면 고도의 심리전이다. 상사에게 물어보고 일하며 상사의 전문 능력에 탄복하는 언사를 가끔 던지는 것이 최고의 상사 관리 전략 중 하나다.

필자는 직장 생활의 중요한 요령 중 하나가 상사와 이런 관계를 맺는 것이라고 생각한다. 필자는 본인이 직접 해결하기 어려운 과제 중에 상사가 잘 아는 분야의 과제가 있다면 해상 상사의 도움을 받는 일을 꺼리지 않았다. 이는 오히려 상사가 자신의 능력과 실력을 뽐낼 기회를 제공하는 것이므로 대부분 상사들이 물 만난 고기처럼 신이 나서 기꺼이 도와주었다. 이런 일이 반복되다 보면 상사가 멘토의 역할도 해주고 자신의 유력한 지원자가 되어준다.

인간관계 09

조직이나 상사에 대한 불평불만을 입 밖에 내지 마라

성격적으로 늘 투덜거리는 사람이 있다. 그러나 불평불만은 직장 생활에서는 도움이 되지 않는다. 저녁 자리에서 직장 상사를 욕하고 좋은 안주거리로 삼는 재미로 직장 생활을 한다고 하는 사람도 없진 않지만 '낮말은 새가 듣고 밤말은 쥐가 듣는다'. 이런 불평불만은 부메랑처럼 돌고 돌아서 결국은 자신에게 독화살이 되어 돌아온다.

불평불만으로 잠시나마 스트레스를 해소할 수 있는 경우도 있지만 다른 사람이 있는 자리에서 조직이나 상사에 대한 불평불만은 금물이다. 직접 상사나 선배 또는 조직을 향하지 않는다고 해도 그 사람을 떠올릴 때는 불평불만이 많은 사람으로 인식되기 때문에 되도록 긍정적인 말을 하도록 노력해야 한다.

《탈무드》에는 "살인은 한 사람을 죽이지만 험담은 세 사람을 죽인다"는 격언이 있다. 험담을 한 사람이 첫 번째고, 그 험담을 들은 사람이 두 번째, 험담의 대상이 세 번째다. 그 뜻을 생각해보면 누구나 미루어 짐작할 수 있을 것이다. 칼보다 더 무서운 것이 말이다. 말은 몇 사람의 귀와 입을 옮겨 가면서 과장되고 왜곡된다. 험담은 결국 자신에게 부메랑처럼 돌아와서 자신을 죽이게 된다.

신입 사원 시절은 이런저런 직장관이나 생활 태도가 만들어지는 시기이므로 긍정적인 말과 행동이 훨씬 더 중요하다. 한두 해를 그렇게 보내다 보면 바람직한 직장 생활의 태도가 자리를 잡는다. 그래서 오랜 직장 생활을 지배하는 하나의 생활습관이 된다. 선배들 중에서는 이런 험담이나 남의 이야기를 즐겨 하는 사람들도 있다. 이들과 어울리다 보면 자신도 모르게 그러한 분위기에 휩쓸려 일상적으로 불평불만을 입에 담는 나쁜 습관이 몸에 배게 된다.

앞에서 설명했듯이 한두 번의 불평불만도 모두에게 알려지고 누군가 자신의 성격을 설명할 때 머리에 떠오르는 나쁜 이미지를 만든다. 또한 직접 관련 없는 사람에게 하는 불만도 그 사람으로 하여금 '이 친구는 내가 없을 땐 나의 험담을 하겠구나'라는 인식을 심어줘서 긍정적이고 진정한 소통과 신뢰를 막고 무너트리는 요인이 된다.

그러나 '좋은 게 좋다'는 인식과 가치관도 바람직하지 않다. 무색무취는 어쩐지 무언가 숨기고 있는 듯한 인상을 줘서 불신하게 만드는 요인이 된다. 요컨대, 자신의 주관은 뚜렷이 가져야 하지만 대책 있는 문제제기라야 불만도 의미가 있다. 대책도 없이 내뱉는 불만은 허공을 떠돌다 결국은 자신의 부정적인 이미지로 자리매김한다. "발 없는 말이 하룻밤에 천 리를 간다"는 속담도 있다. 자신은 별 의미 없이 내뱉은 말들을 누군가가 듣고 옮기게 된다.

회사 생활을 하다 보면 마음에 안 드는 일이 한두 가지가 아니다. 회사의 제도나 상사의 말 한마디도 그렇고 선배들의 행동이 옳지 않다고 여겨질 때도 많다. 그런 것을 다 지적하고 젊은 혈기로 비분강개하는 것이 옳고 그른지를 떠나, 그런 일을 통해 자신에 대한 인상이 부정적으로 만들어질 우려가 높다는 것을 명심해야 한다.

단언컨대 기업 조직은 행동이나 실제적인 노력을 중시하지 말로써 불평하는 것을 좋아하지는 않는다. 조직이 원하는 것은 구체적인 혁신 노력이지 비평이 아니다. 언론에서는 평론가가 입지를 높일 수 있지 모르지만 기업에서는 실천가가 더 필요한 사람으로 부각된다.

구체적으로 개선할 수 있는 대안이 있는 경우에는 모르되 그렇지 않은 비판은 불평과 다름 아니어서 좋은 평가를 받기 어렵다. 아울러 나쁜 말은 좋은 말보다 훨씬 더 전파 속도도 빠르고 그 범위도 넓다. 한 사람이 가진 부정적인 인식이나 말은 최소한 100명에게 전파되는 힘이 있다고 한다. 알게 모르게, 본인이 의도했든 아니든 그런 전파가 이루어지며 그것은 다시 자신에게 돌아와서 부정적인 이미지를 형성하는 주요인이 된다. '불평불만분자'로 분류되면 아무리 능력이 우수하더라도 관리자로 승진하고 조직의 핵심 인재로 중용되기는 어렵다.

  신입 사원에게 필요한 가장 좋은 자세는 많이 듣는 것이다. 말하다 보면 실수가 나오게 마련이라 주로 듣고 맞장구치는 일이 가장 좋은 처세술이다. 좋은 개선 아이디어가 있다 하더라도 마음속으로만 품고 있다가 관리자나 부서장이 되어 자신이 혁신이나 개선을 주도할 수 있는 위치가 되었을 때 행동으로 옮기면 된다. 젊은 혈기에 겁 없이 떠들면 자신도 모르게 비주류로 분류되어 사이드로 빙빙 돌게 될 가능성이 높다.

인간관계 **10**

남의 말을 함부로 하거나 옮기지 마라

평균적으로 말 많아서 성공하는 사람은 코미디언이나 연예인, 변호사밖에 없다. 기업에서는 말보다는 행동이 더 중요하다. 특히 남의 말을 옮기는 버릇은 굉장히 좋지 않은 습관이다. 말은 사람의 귀와 입을 타고 돌아다니면서 살도 붙고 다리도 붙는다. '누구를 한번 만났다'는 이야기가 몇 사람을 지나다 보면 '같이 잠을 잤다'로까지 비화되는 사례가 비일비재하다.

신입 사원 시절에는 다들 조심스러워서 말 자체를 꺼리거나 입을 다무는 일이 많을 테지만, 6개월이 지나고 조직과 사람에 다소 익숙해지면 속으로 참지 못하고 말을 내뱉기 시작한다. 말에는 전하고자 하는 내용 외에 자신(화자)의 정보도 많이 담긴다. 어떤 사물을 바라보는 시각도 담겨 있고 말 많은 사람인지, 남의 이야기를 좋아하는지도 알 수 있다. 일단 말 많은 사람으로 평판이 나기 시작하면 그 사람의 귀로 들어오는 정보는 제한적이 될 수밖에 없다. 다들 말을 옮길지 몰라 말조심을 하기 때문이다. 그러면 자연스레 우군이 줄어든다.

말이란 참으로 대단한 힘이 있다. 한 사람이 이야기하면 단순한 주장이 되지만 두 사람이 같은 이야기를 하면 사실로서 인식된다. 아무리 거짓말이거나 사실이 아니더라도 두 사람이 같은 이야기를 하면 사실처럼 각인된다. 아무리 사소한 이야기라도 남의 이야기는 할 필요가 없다. 물론 좋은 이야기는 그 영향이 적을 수도 있으나 신입 사원 시절에는 그저 선배나 동료가 하는 이야기를 듣는 수준이 제일 좋다. 시집온 며느리는 '귀머거리 3년, 장님 3년, 벙어리 3년'을 지내야 한다는 말이 있는 것은, 그만큼 말은 실수를 동반해서 자신의 생각이나 의지와 상관없이 비화되는 일이 많기 때문이다.

말하기를 좋아하고 특히 부풀리기를 좋아하는 후배가 있었다. 필자가 아는 한 그 사람은 많은 나라 중에 일본밖에 가본 적이 없었는데 어느 자리에서 100여 개국을 가봤다는 이야기를 하는 것을 들었다. 한번은 어떤 골프장에 같이 간 적이 있는데 자기가 그 골프장에서만 이글을 40차례 한 적이 있다고도 말했다. 이런 말을 하는 사람을 누가 믿겠는가? 결국 그 사람의 말은 신용을 잃어 나중에는 진실을 이야기해도 다들 곧이듣지 않았다. 이른바 '양치기

소년'처럼 말이다.

말은 잘해야 본전이다. 많이 할수록 실수나 거짓이 섞이게 마련이다. 신입 사원 시절에는 일단 말을 많이 하지 않는 게 상책이다. 아울러 남의 말은 절대 금물이다. 부정적이든지 긍정적이든지 다 이롭지 못하다. 얼른 생각하면 긍정적인 이야기는 긍정적인 효과를 불러일으킬 것이라 생각할 수도 있지만 그 대상이 되는 사람 한 사람에게만 긍정적이고 나머지 대부분은 부정적으로 본다. 자신이 아닌 다른 사람의 칭찬을 좋아하는 사람은 의외로 별로 없다. 바람직하지 않은 파벌이나 인맥을 조성하는 결과도 된다.

아무튼 신입 사원 시절에는 말조심 또 말조심하는 게 좋다. 상사가 물으면 조심스럽게 최소한의 이야기만 하는 게 더 유익하다. 그렇다고 입 다물고 죽은 듯이 살라는 이야기는 아니다. 말을 하되 가치나 남과 관련된 이야기는 피하는 것이 오랜 직장 생활에 훨씬 더 유리하다는 것을 명심하라.

인간관계 11

좋은 인상을
심어줄 수 있도록 노력하라

"마흔이 되면 자신의 얼굴에 책임져야 한다"는 격언이 있다. 어느 정도 나이가 들면 그동안의 사고방식이나 가치관, 삶의 여정들이 투영되어 겉으로도 확연히 드러난다는 말이다. 얼굴의 인상은 타고나는 경우도 많지만 직장 생활 초기에 형성되기도 한다. 신입 사원으로 입사하여 부정적인 생각이나 불평을 자주 비치다 보면 자신도 모르게 얼굴과 인상도 그렇게 변화해 간다. 학창 시절 그 곱고 단아하던 인상이 보기 싫게 찌그러진다.

또한 업무도 긍정적이고 적극적인 분야를 맡으면 다행인데 분석적이고 비판적인 업무를 담당하게 되면 부정적인 생각과 소극적인 말과 행동에 영향을 받아 얼굴도 바뀌게 된다. 영업 부서에 있다 보면 업무의 성격이 주도적이고 전향적이라 자연스럽게 활발한 성격이 형성된다. 반대로 무언가를 심사하거나 분석하는 업무를 하다 보면 늘 따져야 하고 사람을 의심해야 하며 매사에 소극적·부정적인 성향이 싹튼다. 그러면서 얼굴에도 그런 인상이 자리를 잡는다.

현실을 비판하고 새로운 기획안을 만들어내야 하는 기획부서에 오래 근무한 사람들은 비판적이고 부정적인 느낌을 주는 인상이 형성되고 무언가를 심사하거나 분석하는 업무를 하는 사람들에게는 수동적·소극적인 인상이 자리 잡는 모습을 많이 보아왔다.

필자도 안타깝게도 좋은 인상이라는 이야기를 별로 듣지 못했다. 인사부서에 오래 근무하다 보면 한 사람 한 사람의 귀중함을 모르고 사람을 우습게 알게 되고 경리부서에 오래 근무하다 보면 돈의 가치를 우습게 알게 된다는 이야기가 있다. 필자 역시 인사부서에 오래 근무해서 그런지 누구든지 만나는 사람을 판단하려는 습관이 몸에 배고 나도 모르게 사람에 대한 진정성, 존중심이 줄어들었다. 그렇다 보니 사람을 대할 때 나도 모르게 '갑'의 입장에서 눈을 내리깔고 사람을 보는 습관이 자리하고 사람에 대한 불신도 적지 않았다.

이러한 부정적 시각은 아직까지도 필자를 따라다니며 가끔은 사람을 진정성 있게 대하지 못하게 하는 단점이라고 생각한다. 인사부서에서 장기간 근무한 사람들은 피나는 마음 관리를 하지 않으면 좋지 못한 인성이 형성되기 십상이다. 이런 이유로 직종 간에 적당한 주기로 인력 교류가 필요하다.

필자가 인사부장을 담당할 때는 일을 아주 잘하는 부서원들도 의도적으로 현장으로 보내고 현장에서 우수한 인력을 받아서 일을 시킨 경험이 있다. 상반되는 가치관이 필요한 직무를 맡아보게 함으로써 회사의 다양한 업무를 이해하는 데는 물론이고 구성원의 균형적인 인성 관리에도 도움이 많이 되었다.

인사부서에서 장기간 근무한 필자는 무심히 있을 때는 매우 차갑게 느껴져서 말 붙이기가 어렵다고들 했다. 타고난 면도 있겠지만 사람을 관리하는 부서에서 오래 근무하다 보니 생긴 물때 같은 부작용이 아닐까 생각한다. 이러한 부분은 필자도 당시에는 잘 몰랐으나 지나고 나서 여러 선배들에게 지적받은 내용이다. 물론 지금은 오랜 사회생활로 노련해져서 마음에도 없는 미소를 지을 수 있는 기술이 생겼지만 신입 사원 시절에 익혀놨으면 더 좋지 않았을까 생각해본다.

>> **직종별로 형성되는 부정적인 인성과 이미지**

영업직 : 적극적이고 주도적이나 일을 얼렁뚱땅 해치우려는 습성

심사직 : 소극적이고 수동적인 성향과 따지는 습성

경리직 : 돈을 우습게 아는 성향(늘 몇십 억씩 계산하다 보니 몇백만 원은 돈도 아니다)

인사직 : 사람을 우습게 아는 성향(많은 사람을 만나다 보니 한 사람에 대한 존중심 결여)

기획직 : 비판적이고 현실 부정적인 성향

필자가 아는 아주 우수한 후배가 있었다. 능력과 예의도, 업무 자세도 훌륭했다. 그러나 인상은 차가웠다. 사람을 보고 말할 때는 그렇지 않으나 말투가 예리하고 분석적이며 무심히 앉아 있을 때의 옆모습은 매우 차가워 보였다. 그렇다 보니 그 능력은 사고 싶은데 데려가려는 관리자가 없었다. 능력과 자세가 훌륭한데도 그를 원하는 부서가 없으니 참으로 난감했다.

그렇다. 능력이 좀 모자라더라도 조직에 순응하고 따뜻한 이미지가 있는 사람이 조직 생활에 더 적합한 것이다. 그렇다고 하여 헤프게 늘 웃으라는 이야기는 아니다. 그것도 보기에 따라서는 부정적인 느낌을 줄 수 있다. 다만 기본적인 표정이 따뜻하게 보이도록 가벼운 미소를 띤 얼굴이 훨씬 더 보기가 좋다. 모르는 것은 가르치면 되는데 인성이나 인상을 바꾸기는 여간해서는 쉽지 않으므로 신입 사원 시절부터 좋은 인상을 줄 수 있도록 의도적인 노력을 해야 성공하기 쉽다.

의도적인 노력은 몇 가지가 있다. 아침마다 일어나면 거울 보며 웃는 연습을 하고 늘 긍정적으로 생각하며 매사에 감사하는 다짐을 자주 하다 보면 자신도 모르게 긍정적인 이미지도 형성되고 좋은 인상을 심어주게 된다. 필자도 최근에는 인상이 많이 좋아졌다는 말을 듣는다. 종교생활도 다시 시작하여 욕심을 내려놓고 매사에 감사하며 웃으려고 노력하다 보니 자신도 모르게 조금씩 바뀌어가는 모양이다.

>> **좋은 인상을 만들기 위한 방법**
- 아침에 기상하면 일상에 감사하는 다짐이나 기도를 올려라
- 하루에 세 번 이상 거울을 보고 웃는 연습을 하라
- 오늘도 좋은 사람들과 일한다고 최면을 걸어라
- 출근하며 만나는 사람들에게 웃는 얼굴로 먼저 인사하라
- 근무 중에도 동료들의 좋은 점을 한 가지 이상 생각하라
- 내 인생은 성공적이라는 자신감을 가져라
- 퇴근하면서 하루를 잘 지내게 해준 존재들에게 감사하라
- 취침하면서 내일이 새로운 기쁜 날이 될 수 있도록 기도하라

실무 요령

01 업무에서 개선해야 할 사항을 빠짐없이 메모하라
02 1개월 안에 회사 조직과 업무의 기본 구조를 파악하라
03 3개월 안에 부서와 자신의 업무의 핵심을 소상히 파악하라
04 하루하루의 업무와 생활은 그날 정리하고 매듭짓는 습관을 들여라
05 중요한 일과 상사들의 지시는 바로바로 메모하는 습관을 들여라
06 상사의 업무 지시 사항은 반드시 중간에 점검/보고하라
07 일주일에 하나 이상 업무 개선 아이디어를 생각하라
08 항상 실수에 대비해 대책을 준비하라

실무 요령 01

업무에서 개선해야 할 사항을
빠짐없이 메모하라

다른 조직에서 업무를 해본 경험이 있거나 그렇지 않다 하더라도 새로운 조직에 들어와서 처음 일을 해보면 일하는 프로세스나 방법이 잘못되어 있거나 비효율적인 부분이 눈에 많이 띈다. 의욕적이고 적극적으로 일한답시고 이런저런 개선 제안을 입사 초기에 늘어놓으면 선배들이 짜증을 내기 쉽다. 제대로 알지도 못하면서 불평만 많은 사원으로 낙인찍힐 수도 있다.

그러므로 일단은 내가 실력이 쌓이고 그 문제를 해결할 여건이 될 때까지는 개선해야 할 사항을 열심히 메모만 해놓는 것이 좋다. 사실 한 조직에서 생각 없이 1년을 보내면 눈에 거슬리는 것이 거의 없어진다. 생경하기만 하던 풍경이나 업무 방식이 익숙해지는 것이다. 그러면서 서서히 편안한 직장인이 되어간다. 따라서 1년이 지나면 개선해야 할 사항도 시야나 머릿속에서 사라진다.

그러기 전에 반드시 메모해놓아야 나중에 혁신을 추진할 수 있다. 한두 번의 제안이나 노력으로 자신의 개선 의견이 반영되지 않으면 좌절하기도 한다. 그렇지만 신입 사원들이 아무런 사전 노력(메모 등)을 하지 않는다면 그 조직은 신입 사원을 채용한 실익이 없어진다. 신입 사원을 채용하는 이유 중 하나는 조직에 신선함을 불어넣기 위해서다. 타성에 젖은 선배들이나 40~50대의 고참들은 변화를 싫어한다. 매너리즘에 빠진 이들이 구태를 스스로 벗어나기는 매우 어렵다.

이런 타이밍에 신입 사원들이 씩씩하게 인사하고 새로운 시도도 해보면서 조직을 들썩이며 활성화할 수 있다는 기대를 품고 기업들은 신입 사원을 채용한다. 따라서 신선함은 신입 사원으로서 반드시 갖춰야 할 속성이다. 신입 사원이 노숙한 행동을 하는 것은 바람직하지 않다. 신선한 시각으로 새로운 발상과 아이디어를 통해 조직에 새로운 바람을 불어넣어야 한다.

다만 너무 이른 시기에 이러한 일을 시도하면 기존 선배 직원들의 반발을 사거나 부정적인 인식이 형성될 수도 있다. 따라서 당분간은 선배들에게 호응하고 순응하되 새로운 기풍을 불어넣기 위해 늘 개선 아이디어를 메모해두는 습관을 들이는 것이 좋다. 입사 후 6개월에서 1년간은 향후 개선할 사항을 메모히고 어느 정도 담당자로서 직무를 혼자서 수행할 수 있을 때부터 하나하나 제안하거나 스스로 개선해나가면 된다.

필자는 처음 입사하여 인사부서에 근무할 당시 신입 사원의 입사 구비 서류에 호적등본, 주민등록초본, 학적증명서, 성적증명서, 병력증명서 등의 개인신상자료 수십 가지를 입사자에게 받아서 개인 서류철에 편철하여 보관하고 있었다. 그러나 다시 들추어 보는 일은 거의 없었다. 인사부서의 채용 담당자는 채용 전략이나 프로세스 개선 같은 가치 있는 일보다는 이러한 잡무와 서무 처리 때문에 야근하기 일쑤였다.

필자는 이런 증빙서류를 5가지 이내로 줄일 수 있다고 판단하고 메모해두었다가 1년쯤 지나고서 상사들을 설득해 입사 구비 서류를 대폭 줄여버린 경험이 있다. 또한 당시에는 수작업 인사카드를 사용했는데 전산으로 개인 신상기록을 관리하는 전산 인사카드 방식이 도입된 후에도 이 수기 인사카드를 계속 기록하고 있었다. 인사부서 선배들은 임원들이나 대표이사는 수작업 인사카드를 선호하니 계속 유지해야 한다고 주장했다. 그렇다 보니 인사정보를 전산으로도 관리하고 수기로도 계속 작성해야 해서 업무량이 더 늘어나고 오류도 더 발생했다.

업무의 전산화로 일을 줄여줘야 하는데 상사들의 고집과 집착으로 일만 두 배로 늘어난 것이다. 필자는 입사 1년 이후 상사들을 설득하여 과감하게 수기 인사카드를 폐기했다. 가끔 버릇이 되어 수기 인사카드를 찾기도 했지만 몇 년 후에는 완전히 전산 인사카드로만 일을 할 수 있었다. 지금 생각하면 우스운 일이지만 당시에는 쉽게 폐기하지 못하고 일부 자료는 숨겨놓고 보기도 했다.

인사부서에서 오랫동안 일하다가 보험영업 현장으로 발령받아 갔을 때의 일이다. 보험도 영업도 경험이 전무했기에 당황스럽기도 하고 어찌할 바를 몰라 만나는 사람들에게 묻고 물어 일을 처리해나갔다. 그래도 처음부터 합리적이지 않거나 바람직하지 않은 업무 방식과 국외자의 눈으로 봐서는 이해되지 않는 고쳐야 할 관행이나 개선 사항을 메모해나갔다. 당장은 실력이 없으니 개선과 개혁을 주도할 수도, 기득권자들의 반발을 무마할 수도 없었기 때문이다.

그러다 약 6개월이 지나 업무나 사람을 다 파악하고 난 뒤 하나씩 하나씩 나쁜 관행이나 구태의연한 습관, 잘못된 업무 프로세스를 고쳐나가기 시작했다. 약 2년간 보험영업 현장에 있으면서 처음에 메모해놓은 개선 사항을 점진적으로 그러나 확실하게 수정하고 교정해나갔다.

그렇다. 새로운 조직에 진입하면 이런 개선이 필요한 사항들이 눈에 선명하게 잘 들어온다. 그러나 이러한 개선은 기존의 시각으로 보면 참으로 쉽지 않다. 늘 그렇게 해왔고 문제가 없었다고 생각하기 때문이다. 하지만 그 조직에 새로이 진입한 신규 멤버나 신입 사원들의 눈에는 문제가 더 선명하게 보인다. 그래서 이렇게 문제를 개선하는 역할을 신입 사원이 맡아줘야 조직이 발전하고 생동감이 넘치게 된다. 다만 일과 조직을 다 파악하기도 전에 나선다면 주위의 저항에 좌절하기 쉽다. 이런 여건이 성숙될 때까지는 늘 메모해두는 습관을 들이면 할 수 있을 때 꺼내서 자신의 의지대로 개선해나갈 수 있는 것이다.

실무 요령 02

1개월 안에 회사 조직과 업무의 기본 구조를 파악하라

입사하여 입문교육 등을 받고 나면 정식으로 부서에 배치된다. 첫 출근일은 보통 다음과 같이 시작된다. 출근 첫날 사령장을 받고 선배의 인솔에 따라 관련된 부서 여기저기에 인사를 하고 나면 자리가 정해지고 업무를 시작한다. 신입 사원이라 아는 게 없으므로 직접 처리해야 할 업무가 바로 주어지진 않지만 업무 영역은 정해지고 직무 타이틀도 붙는다. '급여 담당', '경리 담당', '고객 담당' 등으로 말이다. 명함도 나오고 개인 PC도 지급되며 기타 사무용품은 물론 자기 자리도 정해진다.

이렇게 모든 준비가 끝나면 '정말 직장 생활을 시작하는구나'라는 실감이 든다. 여사원이 만들어준 명함에는 자신의 이메일 주소, 전화번호도 나와 있다. 자신의 직통전화도 있고 부서 공용전화도 있다. 친구들에게도 명함을 돌리고 싶고 자랑도 하고 싶어진다. 다소 들뜬 기분으로 종일 책상에 앉아 있어야 하는 경우도 있고 직무와 관련된 매뉴얼이나 기존 서류들을 공부하라고 주기도 한다. 교육체계가 잡혀 있는 회사들은 신입 사원들이 일과 조직에 잘 적응하고 배울 수 있도록 OJT 지도사원이라고 선배 한 명씩을 붙여주기도 한다.

사실 처음 접하는 서류나 매뉴얼이 눈에 잘 들어오지는 않는다. 그렇지만 무턱대고 종일 잡생각하면서 앉아 있기도 그렇다. 직장 생활의 성패는 입사 1년 차에 결정된다고 했지만 그중에서 입사 첫 한 달을 어떻게 지내는지가 가장 중요하다. 장기간의 직장 생활 가운데 첫 1년이 중요하듯이 1년 중에서는 첫 달이 제일 중요하다. 이때 좋은 모습을 보여주고 조직 생활에 잘 적응하면 직장 생활이 순풍에 돛 단 듯이 잘 흘러갈 가능성이 높아진다.

사람들 간의 관계를 원활히 하는 것 외에 부서 배치 후 첫 달에 우선 제일 먼저 해야 할 일은 조직의 업무 개요를 파악하는 일이다. 예를 들어 영업부서에 배치되었다면 그 부서의 사명과 미션은 무엇이며, 주요 고객은 어떤 이들인지, 회사 내에서 업무상 입지나 위상은 어디쯤인지를 파악하고 자신이 속한 부서의 직능을 머릿속에 넣어야 한다. 그런 정보들은 업무편제규정이나 회사 공용 인트라넷의 앞부분에 대부분 명기되어 있다. 아니면 각 부서에 보관 중인 업무 매뉴얼이나 조직도, 회사 소개 자료 등에 올라 있다.

그다음은 자신이 해야 할 업무의 개요를 파악하는 일이다. 이는 상기한 업무 매뉴얼이나 부서의 업무분장규정을 보면 알 수 있고 선배들의 OJT로도 가능하다. 대부분은 관리자나 부서 주무사원이 그 요령을 알려준다.

가장 쉬운 방법은 자신보다 앞서 해당 업무를 담당한 선배로부터 이런저런 정보를 얻는 방법이다. 직접 구술로 듣기도 해야 하지만 바쁜 선배 붙들고 마냥 OJT를 받기는 쉽지 않으므로 기존 서류나 사례를 열람하는 방법이 가장 무난하다. 최소한 5년 내지는 10년간 축적된 자료들을 훑어보면 업무를 어떻게 처리해야 하는지 감이 잡힌다. 선배들이 업무를 처리하면서 정리해놓은 서류를 보면 업무의 특성과 무엇을 공부해야 하는지도 알 수 있다.

아울러 자신이 맡은 일을 잘 처리하고 좋은 성과를 내기 위해 참고해야 할 전문서적이나 사내 정보를 알아보아야 한다. 이런 노력을 기울이며 서서히 업무 담당자로 자리매김해나가야 하는 것이다.

신입 사원이니 상사나 관리자가 일을 바로 시키지는 않지만 업무에 관련된 심부름이나 부서 잡무를 시키기도 한다. 그럴 때 신속 정확하게 상사의 의중을 파악하고 적절히 처신하는 것이 중요하다. 사실 책상에 앉아 있다고 해도 금방 업무에 집중하기는 힘든 시기다. 업무를 전혀 모르는 경우가 대부분이니 당연하지만 첫날부터 업무 개요를 파악하려는 노력에 착수해야 한다. 그 부서의 기능이나 미션은 대부분 책자 또는 매뉴얼로 만들어져 있거나 서류화되어 있다. 그러한 정보를 얻을 수 있는 소스를 잘 찾는 것이 중요하다. 내가 원하는 또는 필요한 정보를 어디서 어떻게 구하는지를 알아가는 것이 업무 담당자로서 해야 할 첫째 활동이다.

선배들이 퇴근 시각이 되었다고 나간다고 해서 따라서 퇴근하는 것은 필요한 업무 지식을 조기에 파악하는 데는 썩 바람직하지 않다. 물론 부서 회식이나 피치 못할 사정이 있다면 그에 따라야 하겠지만 특별한 사정이 없다면 따로 시간을 내서 개인적인 노력을 기울여 조기에 업무의 개요와 기본 방향, 업무에 필요한 기본 지식을 이 시기에 빨리 알아놓아야 한다. 회사 보안에 위배되지 않는다면 관련 파일이나 서류를 퇴근 시에 가방에 넣어 가서 차 안에서나 집에서 공부하는 것도 조기에 핵심을 파악할 수 있는 좋은 방법이다.

이런 노력을 게을리하여 한 달이 경과한 후에도 업무 개요나 기본 사항을 숙지하지 못한다면 미래가 불투명해진다. 최소한 한 달이 경과하기 전에 업무에 필요한 정보를 어떻게 구하는지는 명확히 알아놓아야 한다. 부서에 배치받은 지 한 달이 경과하고도 상사가 ○○ 파일을 가져오라고 지시하는데 그 파일이 무엇인지, 어디에 있는지도 모른다면 직장 생활을 실패할 가능성이 높아진다. 신입 사원이니 모를 수도 있지만 알면 입지가 훨씬 더 튼튼해지기 시작한다.

필자는 삼성에 입사하여 교육도 별로 받지 않고 인사부서에 배치받았다. 물론 행정학을 전공하고 인사관리 석사학위를 받았고 공군에서 인사장교로 4년간 복무했지만 기업 인사 실무에 대해서는 아는 바가 없던 필자는 당시 한 달간 선배들이 퇴근하고 없는 시간을 주로 이용해 인사부서에 보관된 파일들을 두로 섭렵했다. 물론 그 내용을 다 알 수는 없었지만 대체로 어떤 서류들이 있고 누가 담당하고 있으며 어디에 보관되어 있는지는 확실히 파악했다. 그래서 상사나 선배가 ○○ 파일을 좀 찾아오라고 하면 바로 찾아서 대령한 기억이 있다. 한 달이 지났는데도 파일 하나 즉시에 찾지 못한다면 이는 실패로 가고 있는 징후다.

또 한 가지는 회사 각 부서의 층과 위치를 익혀놓는 일이다. 신입 사원 1개월 차에게 고유 업무를 잘하리라고 기대하지는 않지만 심부름은 자주 시킨다. '어느 부서에 가서 누구에게 이런 서류를 전달하고 오라'든지, '누구에게 가서 어떤 서류를 받아오라'는 지시를 자주 받는다. 이럴 때 그 지시를 즉시 정확히 알아듣고 다른 도움 없이 바로 해낼 수 있어야지 여직원에게나 동료, 선배들에게, '그 부서가 몇 층에 있는지? 어떻게 가는지?'를 자주 물어서는 훌륭한 신입 사원으로 인정받기 어렵다.

이런 정보는 세월이 지나면 자연적으로 알 수 있는 것이지만 그때까지 기다리지 말고 전화번호부나 부서 배치도를 보면서 외워야 한다. 이런 적극적인 노력을 기울이면 한 2~3일이면 익힐 수 있다. 그래야 작은 심부름이라도 이른 시간에 효율적으로 처리할 수 있다. 이런 사소한 잡무에 시간을 과다하게 소요하거나 선배나 상사를 기다리게 하여 독촉을 받거나 하다 보면 신뢰가 점점 떨어진다. 노력 없이 이루어지는 일은 없다. 작은 성의지만 노력하는 자세를 보이는 데는 그만이다.

  이때 꼭 익혀놓아야 할 일 중에 복사 업무도 있다. 요즘은 PC로 작성해서 인터넷으로 전파하기 때문에 필요성이 좀 줄었지만 회의 자료라든지, 대외 제출 자료라든지 업무상 필요해 복사를 하는 일이 적지 않다. 대개는 여사원에게 지시하지만 남자 사원이라 하더라도 꼭 익혀놔야 할 일이다. 인력 효율화 차원에서 보조적인 일을 하는 직원을 줄이거나 없애는 기업도 많아지고 있기 때문이다.

  복사도 처음 해보면 쉽지 않다. 복사기 브랜드별로 기능의 차이도 있거니와 사용 방식도 다르다. 한 장을 그냥 복사하는 것에서부터 양면 복사 기능, 여러 장을 복사할 경우 순서대로 원하는 숫자만큼 복사하는 것도 요령을 알아야 한다. 하다못해 복사기 잉크도 갈아 넣을 줄 알아야 하고 활자의 선명도도 맞출 수 있어야 한다.

  이런 일은 고졸 여사원이나 아르바이트가 하는 일이라 생각하고 뒷짐 지고 있다면 나중에 낭패 보기 십상이다. 늘 여사원이 대기하고 있는 것은 아니라서 언젠가는 직접 복사해야 하는 일도 생긴다. 따라서 이런 단순한 기능들은 신입 사원 초기에 다 익혀놔야 유리하다. 이렇게 복사 업무를 잘 익혀놓으면 나중에 관리자가 되어 복사를 효율적으로 지시하기도 쉽다. 알아야 지시도 할 수 있는 것이다.

  복사 업무를 익히는 것뿐만 아니라 커피도 구성원의 취향을 파악하여 뽑을 줄 알아야 한다. 이것도 주로 여직원이 하겠지만 자판기나 사내 커피세트에서 원하는 커피를 즉시에 뽑을 수 있는 것도 소소하지만 꼭 익혀놔야 나중에 편하다. 아울러 커피를 타는 일이나 복사는 여직원의 고유 업무는 아니다. 누구나 할 줄 알아야 하는 일이다. 이런 일을 나중에 혼자 해야 하는 경우에 더듬거리면 다른 중요한 일을 잘해도 종합적으로는 감점을 받기 쉽다.

여사원들은 이러한 일을 혼자서도 척척 하고 바쁠 때 도와줄 수 있는 남자 사원들을 좋아할 수밖에 없다. 신입 사원 시절에 여직원들에게 호감을 사는 일은 업무를 수월하게 진행해가는 데 상당히 중요하다. 필자는 30살이라는 늦은 나이였고 결혼한 후에 입사하여 여직원의 호감을 사기는 좀 어려운 상황이었지만 진심으로 도움을 요청하고 그들의 일도 되도록 도와주려고 노력하여 생각보다는 쉽게 적응할 수 있었다. 스스로 하든지 아니면 동료들의 도움을 받든지 작은 일이라도 부서나 회사가 수행해야 할 일이라면 모든 기초지식을 이 시기에 배워놓아야 직장 생활이 순조롭다.

신입 사원 교육 기간에 자사 제품을 판매해보게 하는 수습 기간을 두는 기업이 많다. 회사로서는 애사심도 확인하고 상품의 가치나 고객 반응도 실감해보도록 판매를 맡겨보는 교육제도다. 어느 할인점 매장에서 그러한 자사 제품 판매를 일일이 지원하던 자식을 보고 당당 사표를 쓰게 하고 데리고 나온 엄마가 있었다. 귀한 내 자식에게 아르바이트나 하는 일을 시킬 수는 없다는 생각에서였겠지만 상품을 제조하고 판매하는 기업 입장에서는 급할 때는 시장도 나서서 판매를 지원해야 한다. 신입 사원에게 판매 실습을 시켰다고 퇴사를 강요하는 엄마를 둔 그 신입 사원에게 기대할 것은 별로 없다. 기업에서는 차라리 잘 그만두었다고 생각했을 것이다.

그렇다. 신입 사원 시절에는 무엇이든 해보아야 한다. 그것이 비록 서류 복사 같은 일일지라도, 고졸 아르바이트가 하는 할인점 판매 업무일지라도 익혀봐야 하는 것이다. 그래야 나중에 관리자가 되었을 때 제대로 알고 지시할 수 있는 것이다. 모름지기 신입 사원이라면 어떤 일이든지 주어지면 완수하겠다는 생각으로 임해야 한다. 나한테 격에 안 맞는 일이란 없다는 생각으로 임해야 오랜 기간 조직 생활을 편하게 할 수 있다.

>> **부서 배치 첫 달에 인지해놓으면 편해지는 일들**
- 부서의 역할과 직능을 파악하는 일
- 자신이 맡을 직무의 특성과 본질을 파악하는 일
- 복사 업무와 커피를 타는 일
- 부서의 서류들이 어디에 있는지를 파악하는 일
- 쓰레기통이 어디 있는지와 어떻게 처리하는지를 파악하는 일
- 문서수발실과 문서쇄절기 이용 방법을 알아놓는 일
- 회사 각 부서의 위치와 층을 알아놓는 일
- 회사 각 부서의 기본 역할을 우리 부서와 연관하여 파악하는 일

사실 이외에도 많겠지만 우선 이런 일을 다 파악하기에도 한 달은 넉넉한 시간이 아니다. 수시로 상사들의 지시 사항도 처리해야

하기 때문이다.

한 가지 더 조언하자면, 신입 사원이 정시에 칼처럼 퇴근하는 것은 바람직하지 않다. 신입 사원이 매일같이 칼퇴근을 하면 선배들에게 인정을 받기도 힘들고 직장 생활을 편안하게 하기도 힘들다. 특별한 일이 없다면 선배들이 퇴근하고 난 후 한두 시간은 자신이 해야 할 일을 짚어보고 준비하는 게 좋다. 그러면 원하는 서류를 열람한다거나 근무시간에 잘 진척되지 않은 사항을 점검하고 바로잡을 수 있다. 처음 한두 달 고생하면 미래의 긴 직장 생활은 물론 인생이 편안해진다.

필자는 인사부서에 입사한 후 한 달 동안 인사부에 있는 업무 서류를 모조리 열람했다. 임원 인사 서류나 노사관계 서류 등 '인비'로 분류되어 신입 사원이 볼 수 없는 서류도 있었으나 대부분은 담당자로서 열람이 가능했다. 한 달 내에 인사부서의 업무 영역에 해당하는 그 많은 서류들을 다 알기는 어려웠지만 서류의 위치, 각 기능별로 비치된 서류나 서류 양식, 대내외 관계 부서나 조직을 파악했고 인사부서의 각 기능별 상관관계나 업무 흐름도 파악했다.

한 부서도 기능에 따라 나눠보면 상당히 복잡하다. 필자가 신입 사원 시절을 보낸 인사부서만 해도 기업별로 약간의 차이는 있겠지만 채용/교육/배치/인사이동/평가/승진/급여/복리후생/퇴직/노사관계 등 다양한 직무군이 있었다. 작은 조직에서는 한 사람이 여러 직무를 담당하기도 하고 큰 회사에서는 같은 직무를 여러 명이 담당하기도 한다. 따라서 아무것도 모르는 신입 사원 입장에서는 이것도 머릿속에 다 넣기가 혼란스럽고 복잡하다.

  필자는 퇴근 시각 이후 혼자 공부하면서 업무 분류나 제목을 알아놓은 덕분에 이후에는 선배나 상사가 어떤 서류를 찾아오라고 할 때 더듬거리지 않고 바로 찾을 수 있었다. 만약 이럴 때 즉시 대령하지 못하면 업무 능력이나 의지를 의심받을 수 있다. 최근에는 대부분 서류가 전자문서화 되고 인트라넷 개념의 전자 서류창고에 보관되어 있으므로 많은 수고를 들이지 않고도 쉽게 검색할 수 있을 것이다.

실무 요령 03

3개월 안에 부서와 자신의 업무의 핵심을 소상히 파악하라

1개월을 잘 지내고 부서 업무의 기본 개요를 파악했다면 다음 단계로 넘어가야 한다. 업무의 전문성이나 난이도에 따라 차이가 있겠지만 부서 배치 3개월이 흐르기 전에 그 부서의 핵심 업무와 본인이 맡은 업무의 핵심을 100퍼센트 정통하게 파악해야 한다. 이때 얼렁뚱땅 일을 익혀놓는다면 나중에 중요한 타이밍에 꼭 오류가 생기게 마련이다.

입사한 지 2~3년이 지났는데도 업무 지식이 정확치 않아 실수를 하거나 동료나 상사에게 업무와 관련된 질문을 하며 사람이 좀 우습게 보이며 정확성이나 준비성이 떨어지는 사람으로 오해받는다. 3개월이면 아주 긴 시간은 아니더라도 부서의 핵심 업무는 명확히 파악할 수 있는 기간이다.

필자는 앞에서 언급한 대로 인사부서에 발령을 받았는데, 당시는 업무 분류가 명확하지 않아 상사가 시키는 것이 업무가 되던 시절이었다. 회사 인력 규모가 700여 명으로 대규모도 아니어서 그랬지만 인사부서도 5~6명밖에 안 되어 한 사람이 두세 가지 일을 맡아서 해야 했다.

필자는 인사부서의 가장 큰 일과 인사부서원이 알아야 할 핵심 지식은, 회사 직원들에 관한 정확한 인사정보라 생각했다. 인사정보는 그 사람의 이름부터 출신 학교, 병역 사항, 상벌 사항, 이동 사항, 근무 부서 등 수없이 많고 인사에 반영하거나 꼭 알아야 할 사항만도 수십 가지다. 채용을 하거나 인사이동을 하거나 평가, 승진승격 인사를 할 때도 개개인의 인사정보를 정확히 알아야 인사에 오류가 발생하지 않는다.

당시 인사기록표에는 개인별로 250여 가지 항목이 있었고 그 항목마다 적잖은 정보들이 들어 있었다. 예를 들면 경력란 하나에도 입사 전 경력이 기록되어 있었고 입사 후 직무/부서 이동 기록도 들어 있었다. 따라서 한 사람의 인사기록만으로도 방대한 분량이었다.

필자는 700명의 인사기록카드를 하루 10명 전후를 출력하여 외우기 시작했다. 전 항목을 다 외우기는 물리적으로 불가능했지만 학력이나 나이, 군 경력, 출신지, 주요 경력, 평가나 승진 사항 등을 중심으로 외워나갔다. 쉬운 일은 아니었지만 3개월이 지나니

700여 명에 달하는 회사 직원들의 인적사항이 어느 정도 머릿속에 저장되었다. 그래서 저녁에 근처 식당을 갔을 때 직원들이 모여 있는 모임을 보면 단번에 그 모임의 성격을 파악할 수 있었다. 700여 명의 인사기록을 머릿속에 넣었으니 모인 사람들의 공통점을 찾으면 되었다. '아 여기는 ROTC들의 모임이네', '아 여기는 호남 향우회를 하고 있네', '여기는 영업부 모임이네' 등등.

선배들은 신입 사원이 어떻게 그렇게 잘 아느냐고 신기해했지만 3개월간의 노력을 설명하지는 않았다. 700명의 인적사항을 어떻게 3개월 내에 다 머릿속에 입력할 수 있을까 의문을 품을 수도 있는데, 우리 뇌는 참 대단하다. 따로따로 머리에 입력한 정보들을 우리 뇌가 알아서 정리하고 분류하여 우리가 꺼내서 사용할 수 있도록 해놓는다. 실제 노력을 해보면 신기하게도 그 정도 자료는 충분히 입력, 저장, 검색할 수 있다는 점을 알 수 있다. 인생사 대부분은 불가능할 것이라고 포기하기 때문에 성취할 수 없는 것이다.

또 이런 사례도 있었다. 인사이동 담당 선배가 어떤 부서에 고참 과장을 발령 내려고 품의서를 만들었는데 필자가 파악한 바로는 그 부서의 부서장이 발령 내려는 고참 과장의 고등학교 후배였다. 지금 같은 능력주의 시대에도 썩 바람직하지 않은 인사지만 당시 이런 인사는 절대 해서는 안 되는 터부시하는 인사였다. 이런 부적당한 인사를 담당 선배에게 넌지시 지적한 적이 있는데, 그때 그 선배들이 경이로운 눈으로 입사 3개월 차의 필자를 쳐다보는 것이었다. 어떻게 신입 사원이 그런 세세한 것을 벌써 파악했는가 하고. 그 일은 부서 전체에 금방 알려졌고 그 사건 이후 필자는 인사부에 꼭 필요한 신입 사원으로 자리매김했다.

상기한 내용은 필자의 사례지만 어떤 직무든지 그 직무의 핵심은 있게 마련이다. 영업부서라면 상품의 핵심 내용을 파악하고 거래처의 특성과 과거 영업 경과를 훤히 꿰뚫고 있는 사람들이 임원으로 성장할 가능성이 훨씬 높다. 이러한 노력은 의외로 오랫동안 머릿속에 남아서 일하는 데 알게 모르게 큰 도움을 주며 상사들의 신임을 받게 되는 중요한 요인이 된다.

이런 부서 업무의 핵심 사항을 신입 사원 시절에 익혀놓아야 하는 이유는 두 가지다. 첫째, 신입 사원 시절에는 고유 업무를 주무 사원처럼 수행하지 않고 주로 보조사원의 역할을 하므로 상대적으로 시간이 많기 때문이다. 둘째, 입사 1년이 지나도 업무의 핵심을 파악하지 못하면 나중에 익힐 기회가 적고 핵심 인재로 성장할 가능성이 아주 낮아지기 때문이다.

건성건성 업무를 접하고 배우다 보면 1년이 지나도 업무의 내용을 정확하게 다 파악하지 못하는 경우도 생긴다. 아주 전문적인 업무가 아니라면 1년 안에는 혼자서도 감당할 수 있도록 업무 지식을 정확하고 세밀하게 자신의 머릿속에 탑재하여야 한다. 그러지 못하면 상사로부터의 신뢰도 떨어지지만 업무를 하다가 실수도 많이 생긴다. 한두 번의 실수는 자신의 평판이 되고, 그러다 보면 상사에게 한번 더 챙겨봐야 할 사람으로 낙인찍힌다. 그러면 미래의 비전은 줄어들게 마련이다.

이런 일로 다른 조직으로 이직한다고 하여 그러한 문제가 개선될 가능성도 별로 없다. 그러므로 모름지기 단단한 치밀성을 신입사원 초기에 몸에 붙여놔야 어디서 직장 생활을 하든 순탄하다. 그러지 않으면 늘 자신의 꿈을 이룰 수 있는 주도적인 위치가 아니라 다른 사람의 목표를 관리해주는 보조적인 위치에서 일할 수밖에 없다.

실무 요령 **04**

하루하루의 업무와 생활은
그날 정리하고 매듭짓는 습관을 들여라

회사에서 일하다 보면 많은 서류를 만들고 분류하고 제출하고 관리하게 된다. 물론 현장 업무 중에는 몸으로만 움직여도 되는 일도 있지만 대개는 서류 업무도 병행하게 된다. 입사 초기에는 자신이 담당하고 관리할 서류가 많지 않다. 그러나 서서히 그 서류들이 많아지고 서로 혼란을 주기도 한다.

필자가 신입 사원 시절 만난 어떤 선배는 늘 자신의 담당 업무 서류를 철하지 않고 자기 책상 속에 넣고 퇴근하곤 했다. 그래서 그 선배의 책상 속에는 문방구와 개인적인 서류 외에 부서의 업무 서류도 쌓여갔다. 정리하지 않은 채로 보관하다 보니 관리자가 필요하여 그 서류를 찾을 때 한동안 책상을 뒤져야 나오곤 했다. 그러한 모습을 지켜보는 상사는 매우 답답해했고 그 선배는 신임을 잃어갔다. 업무 능력과 판단력은 아주 우수한 분이었는데 사소한 서류 정리를 잘 못하는 바람에 핵심 인재에서 밀려나기 시작했고 결국은 인사 업무가 적성에 맞지 않는다고 상사들이 판단했는지 다른 부서로 전출되었다.

서류는 하루하루 그날 철할 것은 하고 폐기할 것은 폐기하며 이관할 것은 이관하는 것이 관리하기가 제일 쉽다. 본사 스태프 부서의 일을 하다 보면 작성해야 할 서류가 일주일 치만 모아도 적지 않은 양이 되고 그것을 꺼내서 분류하는 데도 시간이 제법 걸린다. 따라서 하루 업무가 끝나면 처리가 끝난 문서나 서류들은 정리하여 편철하고 퇴근하는 습관을 몸에 붙이는 것이 좋다. 그러면 업무 처리가 말끔하고 다음 날 서류를 찾아 온 책상 서랍을 다 뒤지는 흉한 모습을 연출하지 않아도 된다.

그 선배는 분명히 이 서랍에 넣어놨는데 나오지 않으니 땀을 삐질삐질 흘리면서 당황해한 적이 한두 번이 아니다. 서류를 독촉하는 관리자가 옆에 서서 지켜보고 있으니 더 당황했다. 그 책상 서랍에는 온갖 잡동사니와 서류들이 함께 뒹굴고 있으니 서류들이 더러워지는 것은 물론 찾기도 어려웠던 것이다.

모름지기 업무는 중요성이나 긴급성에 따라 네 가지로 분류할 수 있다. 긴급하고도 중요한 일, 긴급하지만 중요하지 않은 일, 긴급하지 않지만 중요한 일, 긴급하지도 중요하지도 않은 일이 있다. 업무는 긴급하고 중요한 일, 긴급하지만 중요성이 떨어지는 일, 긴급하지 않지만 중요한 일 순으로 처리하는 게 맞다.

자신이 맡은 업무를 이러한 분류 기준에 따라 판단하고 정리하여 일을 처리해나간다면 실수를 예방하고 상사의 판단과 부서의 업무 처리 효율성을 높이는 데 도움을 줄 수 있다. 회사 업무가 많고 긴박하게 돌아갈 때는 긴급성과 중요도에 따라 업무의 우선순위를 정하는 것이 아주 중요하다. 엉뚱한 순서로 일을 처리하는 경우 개인은 물론 부서 업무를 망칠 수도 있다. 그래서 평소 업무를 지시받으면 그러한 기준으로 분류하여 스스로 업무 순서를 정하는 습관을 들이는 것이 좋다.

》》 업무의 중요도와 긴급성에 따른 업무 처리 순서

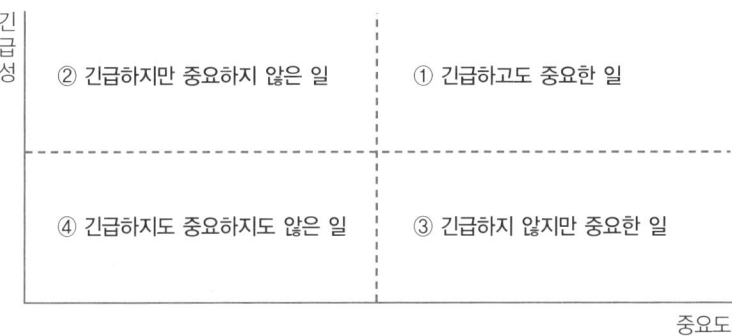

여기서 다소 애매한 것은 '중요하지만 긴급하지 않은 일'과 '중요하지 않지만 긴급한 일' 가운데 어떤 것을 우선할지인데, 필자는 긴급성을 더 우선했다. 중요하지 않더라도 긴급히 해야 할 과제를 먼저 처리해야 나중에 일이 덜 꼬인다. 중요한 일부터 하다가 나중에 긴급한 상황이 발생하면 일이 생각 외로 꼬이고 상사의 불호령에 더욱 당황하게 된다. 수학 문제를 풀 때 제한된 시간이라면 전체를 먼저 훑어보고 풀기 쉬운 문제부터 시작해야 결과적으로 좋은 점수를 받을 수 있는 이치와 같다. 어렵고 힘든 문제를 붙들고 있다 시간을 다 뺏기면 정작 쉽게 풀 수 있는 문제를 놓쳐 좋은 점수를 받기 어려워지는 것이다.

가정에서도 마찬가지다. 자동차 키나 지갑, 신분증이나 교통카드 등 생활에 늘 필요하고 중요한 물건들은 퇴근 후에도 한자리에 두는 습관을 들여야 한다. 퇴근할 때 아무 데나 던져놓는다면 그다음 날 아침 그 물건을 찾느라고 바쁜 아침 시간을 헤매게 마련이다. 가족이 공동으로 사용하는 물건도 장소를 지정하여 관리해야 시간을 더 효율적으로 사용할 수 있다.

필자는 출근할 때 세 가지는 늘 확인하고 출근했다. 즉 핸드폰, 지갑, 사무실 키다. 신분증이나 카드 등은 지갑에 들어 있기 때문에 따로 챙길 필요는 없지만 이 세 가지는 하나라도 제자리에 있지 않으면 낭패를 보기 십상이다. 아침에 다른 옷으로 갈아입거나 퇴근 후 아무 데나 소지품을 던져놓는 버릇이 있다면 실수할 가능성도 생긴다. 따라서 다 챙기기는 어렵지만 가장 중요한 몇 가지는 늘 눈에 보이거나 출근 시에 확인하고 나와야 실수를 줄일 수 있다. 너무 많은 것을 관리하는 것은 시간도 많이 들고 현실적으로 어렵다.

그래서 필자는 자신의 능력에 맞게 딱 세 가지만 확인하고 출근하는 습관을 들였다. 그래도 가끔 회사 사무실 서랍 키를 집에 두고 나와 영선실의 도움을 받은 적이 있다. 이런 일이 자주 생기면 자기관리 능력이 떨어지는 사람으로 보이기 쉽다. 필자가 아는 어느 선배는 이런 정리정돈의 습관이 지나쳐서 속옷이나 양말 등을 서랍장에 번호까지 붙여서 보관했다. 재고가 몇 개고 지금은 보충해야 하는 시점임을 자신과 가족에게 알리기 위함이었다. 너무 지나친 정리정돈도 주위 사람들을 갑갑하게 죄기도 하지만 널브러진 개인 소유물은 분실할 우려도 높고 계획적인 삶을 어렵게 하는 요인이 된다. 가정에서나 직장에서나 정리정돈 습관은 인생을 편하게 만드는 작은 수고다. "할 수 있을 때 해놓으면 해야 할 때 편하다"는 진리를 기억하자.

실무 요령 05

중요한 일과 상사들의 지시는
바로바로 메모하는 습관을 들여라

사람의 기억력은 한계가 있다. 머리를 너무 믿다가 하나라도 놓치면 신임도가 떨어진다. 요즘은 핸드폰에 일정이나 메모 기능, 카메라 기능이 탑재되어 있어 급하면 핸드폰을 이용하면 되지만 지시받은 업무나 주요 업무는 업무 수첩에 늘 메모하는 습관을 들이는 것이 좋다.

이것저것 생각할 것이 많아진 후에는 잠시만 방심하면 기억에서 사라진다. 아울러 업무를 전담하면 주어지는 업무의 종류나 보고 사항도 기억에만 의존하기에는 부담스러울 정도로 많아진다. 업무 일정이나 보고 시기를 놓치거나 잊어버려서 상사가 지적하여 기억이 난다면 신임을 잃게 된다. 아침 출근길에 혹은 일찍 출근하여 혼자서 오늘 할 일과 어제 못한 일을 기록하고 관리하자. 메모는 나중에 상사가 엉뚱한 소리를 할 때 항변할 수 있는 증거 자료도 된다.

필자는 본인만 아는 기호로 할 일과 중요한 일, 진행 중인 일, 완료된 일을 구분하여 표시하는 업무 수첩이 있었다. 대부분은 회사에서 업무용 수첩을 지급한다. 정해진 규정은 없지만 자기만 알아볼 수 있는 표시로 업무의 진행 경과, 대소 완급을 표시하고 수시로 점검해야 타이밍을 놓치는 일이 생기지 않는다.

>> **필자의 업무 메모와 업무 처리 경과 표시법**

① 일단 업무로 오더를 받은 사항은 서두에 동그라미로 표시하여 등록한다
② 그중에 특히 중요하고 우선해야 할 사항은 동그라미 속에 별표를 그려 넣는다
③ 진행 중인 사항은 동그라미 속에 가로로 사선을 그려 넣는다
④ 진행이 완료된 사항은 아래로 사선을 그려 넣는다(동그라미 속에 십자가 표시가 된다.)
⑤ 계획 수립 중에 취소한 사항은 옆으로 긴 선을 그려 넣는다
⑥ 진행 중에 취소나 중단된 사항은 아래로 긴 선을 그려 넣는다

이렇게 업무용 수첩에 표시를 해두면 업무 추진 상황이 일목요연하게 들어온다. 업무와 잠시 이별하고 주말을 쉬고 월요일에 출근해도 해야 할 일이 눈에 확실히 들어오고 실수로 놓치는 일이 줄어든다.

》 수첩 이용 사례

구분	과제 및 내용	추진 일정	비고
⊖	평가자 훈련 계획 수집 -각 본부별 의견 수렴 및 일정 내용 확정	3/20	• 기획안과 일정 협의
⊖	입사 경위별 현황 파악 및 보고	3/15	• 4월로 연기
⊕	퇴직률 축소 방안 수립 -각 본부별 실태 파악	3/20	• 본부 사정으로 일정 취소
⊕	신입 사원 교육계획 수립 -입사 기수별 진행 방안	3/12	• 보고 완료
○	신입 사원 OJT 계획 수립	3/30	
✡	승진 대상자 목록 작성	3/30	• 보안 유지
·	·	·	
·	·	·	
·	·	·	
·	·	·	
·	·	·	
·	·	·	

○ 과제로 수명하거나 계획된 일
⊖ 진행 중인 업무
⊖ 과제로 수명하였다가 취소된 업무
⊕ 과제로 수명하였다가 진행 중 연기/취소된 업무
⊕ 과제로 수명하였다가 보고 또는 처리 완료한 업무
✡ 중요 업무

실무 요령 06

상사의 업무 지시 사항은 반드시 중간에 점검/보고하라

 신입 사원은 처음 업무 지시를 받으면 잠시 기분이 좋아진다. '드디어 나에게도 일을 주는구나'라는 생각이 들어 괜히 인정받는 기분이 든다. 부서 업무가 급하거나 작은 기업에서는 1개월 이내나 출근 첫날부터 고유 업무가 배당되기도 하지만, 대기업에 입사한 신입 사원은 초기에는 교육을 많이 받고 부서를 배치받은 후 3~6개월 사이에 고유 업무를 지시받기 시작한다.

아무튼 업무를 처음 수행하는 신입 사원이 그 지시 사항을 정확히 알아듣고 차질 없이 실행하여 상사가 원하는 결과를 도출하기는 쉬운 일이 아니다. 우선은 상사의 지시 사항을 정확히 알아듣는 것이 선결 과제다. 왕왕 기분만 들떠서 엉뚱하게 해석하여 자신의

생각만으로 일을 추진하고 나중에 상사에게 야단맞는 일이 신입 사원 시절에는 비일비재하다. 그래서 정확하게 업무 지시 사항을 파악하는 것이 중요하다.

상사가 업무를 지시할 때는 꼭 다시 확인하여 지시 사항과 업무 처리 방향을 정확히 파악해야 한다. 스스로 업무 처리 방안을 구상하되 반드시 주변 동료나 OJT 선배에게 자신이 상사의 지시 사항을 정확히 파악했는지 확인하는 것이 실수를 줄이는 좋은 방법이다. 그다음으로는 업무를 처리하는 데 필요한 참고 사항을 알아봐야 한다. 즉 선배들이 먼저 처리한 사례나 규정, 매뉴얼을 통해 처리 방법을 배워야 한다. 처음에는 선배들이 가르쳐주고 처리 방법을 알려주겠지만 그것도 한두 번이다. 스스로 파악하여 그 처리 방안의 개요를 세운 뒤에 선배들에게 확인하는 것이 착오나 실패를 줄이는 길이다.

회사 업무는 늘 기한이 정해져 있다. 상사가 대체로 기한을 정해 준다. "언제까지 보고소를 제출하세요" 또는 "언제까지 이 일을 처리하세요"라고 지시를 내린다. 대체로 그 기간이 일주일을 넘는 장기간이면 2번 이상, 3~4일 이내의 단기간이면 한 번 정도는 중간보고를 하는 것이 오류를 줄이는 방법이다. 그래야 상사들이 불안해하지 않는다.

상사가 "OO 씨 그 일 잘되어가요?"라고 묻는다면 이미 중간보고가 늦었다는 증기디. "지시하신 일은 이렇게 진행되고 있고 언제까지 어떻게 처리하겠습니다"라는 요지로 육하원칙에 따라 중간보고를 하면 상사들이 안심을 한다. 그러면서 상사가 지시한 방향과 차이 나는 부분을 교정하기도 해야 한다. 더구나 기일 내에 처리가 어려우면 야단을 맞더라도 더더욱 사전에 보고하여 부서 업무가 차질을 빚지 않도록 해야 한다. 멍하게 일정도 못 지키면서 끙끙대며 끌어안고 있다고 해결 되는 일은 없다. 일찍 야단맞는 것이 본인은 물론 조직도 피해가 적다.

신입 사원이니 잘 모르거나 엉뚱하게 처리할 수도 있다. 상사들도 당연히 그런 상황을 안다. 그래서 자주 중간에 짚어본다. 그러나 상사가 짚어보기 전에 미리 중간보고를 하면 안심을 한다. 그래서 중간보고를 통해 엉뚱한 방향으로 가고 있으면 궤도를 수정해야 하고 부족하면 보완하면서 결과물을 완성해나가야 한다.

조직 생활을 하다 보면 이런 일들이 적잖이 발생한다. 신입 사원들은 대개 아주 좋은 대학을 나왔고 우수한 학생이었기에 자신감이나 자존심 때문에 누구에게 물어보고 지시받는 것에 익숙지 않다. 그렇다고 혼자서 끙끙 앓다가는 급기야 수습이 더 힘들어지고 상처도 깊어질 뿐이다.

중간보고의 또 다른 장점은 보고 이후에는 그 상사와 공동책임을 진다는 점이다. 보고 후에 또 다른 지시를 받을 수도 있는데 신입 사원 입장에서는 그 상사와 책임을 공유하는 결과가 되어 한결 업무 스트레스가 덜하고 상사가 가끔은 업무 요령이나 필요한 정보를 찾는 방법도 일러주게 마련이다.

더 좋은 방법은 보고만 하는 게 아니라 적극적으로 도움을 요청하는 것이다. 필자는 업무를 추진하다가 어려움이 생기면 "필요한 정보나 자료들에 대하여 도움을 주십사" 하고 자주 상사에게 도움을 요청했다. 이후에는 오히려 상사에게 쪼임을 당하는 것이 아니라 상사를 쪼는 구조가 되어 업무 스트레스에서 다소 해방될 수 있었다. 상사가 적당한 정보를 제공해주지 못할 경우 오히려 필자를 피하기도 했다.

신입 사원 시절에는 상사를 괴롭히는(?) 질문이나 도움 요청을 망설일 필요가 없고, 그런 도움을 이끌어내기 위한 전 단계가 중간보고다. 모름지기 신입 사원은 선배들이나 상사에게 묻고, 도움을 요청하고, 지시에 순응하는 것이 도리이기도 하고 성공 비결이기도 하다.

실무 요령 **07**

일주일에 하나 이상
업무 개선 아이디어를 생각하라

　　기업은 계속 발전하지 않으면 퇴보한다. 필자가 본 간단하지만 가슴에 와 닿은 경영 격언 중에 "나아지지 않으면 나빠진다"는 말이 있다. 그렇다. 기업은 변화와 진화를 통해 끊임없이 나아지려는 노력을 기울여야 더 나빠지지 않는다. 그냥 멈춰 서 있는 경우는 없다.

　기업은 혼자서 존재하는 게 아니라 늘 경쟁 상대가 있게 마련이다. 이들과 경쟁해서 이기려면 고통이 따르더라도 앞으로 나아가야 하는데 그러기 위해서는 전 구성원들의 창의적인 아이디어가 필수적이다. 이는 오르막길에서 자전거를 타고 갈 때 페달을 앞으로 젓지 않고 멈추면 뒤로 미끄러질 수밖에 없는 이치와 유사하다.

2장 | 입사 1년 차 직장 생활 요령　**227**

어느 기업이나 수많은 기업들과 치열한 경쟁 속에 있으니 변화와 진화를 지속하지 않으면 뒤처지게 마련이다.

당장의 진화는 눈에 잘 보이지 않지만 10년 전을 되돌아보면 수많은 발전이 이루어져 왔음을 알 수 있다. 만약 10년 전에 나온 TV나 핸드폰을 지금 본다면 너무나 촌스런 모습이나 낮은 해상도에 눈을 찡그리거나 웃을 것이다. 그렇듯 진화나 변화는 당장에는 잘 보이지 않으나 지나고 보면 확연하다.

기업 역시 살아남고 발전하기 위해 엄청난 속도로 진화하고 있다. 진화는 결국은 기업의 구성원 한 사람한 사람의 창의력이나 혁신 능력에 좌우된다. 그러한 혁신 지향적인 기업 문화를 만드는 것이 중요하지만, 회사 입장에서는 사원 한 사람의 한두 가지 작은 아이디어도 아주 중요하다. 이런 아이디어나 창의적인 발상들이 업무 프로세스와 생산 공정이나 제품에 반영되어 기업 차원의 진화가 이루어진다.

다만 조직 생활을 4~5년 이상 해나가다 보면 자신도 모르게 무디어진다. 불편함도 잊고 자신도 모르게 '좋은 게 좋다'는 식의 매너리즘에 빠지게 된다. 그렇기에 사물을 보는 시각이 신선하고 백지 같은 신입 사원 시절에 자신의 아이디어나 의견을 정리하고 메모해놓는 습관을 들이는 것이 아주 중요하다. 그 시절에는 아이디어는 있지만 실행에 옮길 만한 힘은 없다. 그렇다고 하여 포기하거나 좌절해서는 안 된다. 그러한 아이디어가 당장은 아니더라도 언젠가는 자신을 키워줄 견인차가 되기 때문이다. '20대의 혁명가가

30대에는 '평범한 직장인'이 되어 버려서는 자신이나 조직이 발전하지 못한다.

필자는 최소한 매주 한 가지씩은 작거나 크거나 관계치 않고 업무 개선 아이디어를 메모했다. 머릿속을 맴돌던 아이디어들이 나중에 다 생각나면 좋지만 그렇게 기억력이 뛰어난 사람은 없다. 다른 잡다한 일로 머리가 점령당해 신선한 아이디어는 숨어서 잘 나오지 않는다. 그래서 신입 사원 시절부터 의도적으로 노력을 기울여야 한다. 조직도 그러한 것들을 기대하며 싱싱한 신입 사원을 조직에 투입한다. 엉뚱한 발상으로 버려지거나 묻혀버리는 아이디어도 많지만 10개 중에 하나라도 건진다면 많은 아이디어로 선배를 괴롭히는 것도 용서가 된다. 발전 의지와 열정으로 간주되기 때문이다. 신입 사원이 4~5년 차처럼 노숙한 태도로 말하거나 행동하는 것을 조직은 원하지 않는다는 점을 명심하자.

실무 요령 08

항상 실수에 대비해 대책을 준비하라

신입 사원이 완벽하게 일을 처리하기는 현실적으로 불가능하다. 이런 사실은 선배들도 잘 알기에 한두 번의 실수로 강한 질책을 받거나 감점을 받는 일은 별로 없다. 그러나 같은 실수를 반복하거나 장기간 지속하면 선배나 상사가 다시 보게 될 것이다.

따라서 신입 사원은 저지를 수 있는 실수에 대비해 나름의 보완책을 준비할 필요가 있다. 예를 들면 10페이지짜리 서류 복사를 10부씩 해 오라는 지시를 받았다면 정해진 부수보다 한두 부를 더 해놓는 것이다. 그런 사소한 일들도 점검하다 보면 한두 페이지가 빠져 있는 경우도 발생하고 한 페이지는 복사가 안 된 하얀 백지가 나오기도 한다. 이럴 때 추가로 한두 부를 더 복사해 가지고 있다가 얼른 바꿔 끼워서 보충하면 자신의 실수를 무마할 수 있다. 사람마다 치밀한 사람도 있고 덜렁대는 사람도 있지만 자신의 약점을 보완할 대책을 미리미리 준비해둔다면 큰 문제로 비화되지 않는다.

이러한 허점들은 안타깝게도 늘 중요한 순간에 문제를 일으킨다. 인사부서에서 간부 승진을 결정하는 회의 자료를 만들어 인사위원회에 들어갔는데, 여러 번 확인했음에도 이상하게도 사장이 볼 자료에 한두 페이지가 빠지고 없다면 관리자가 곤혹스런 얼굴이 될 것은 뻔하다. 사실 필자도 관리자 시절에 가끔 경험한 일이다. 그럴 때 미리 준비한 여분의 자료로 대처한다면 위기를 훌륭하게 극복할 수 있다.

또한 일을 급히 처리하다 보면 관계자 모두가 놓치는 일이 생긴다. 꼭 준비할 때는 그런 오류가 보이지 않다가 중요한 순간에 드러나서 당황해하는 경우가 적지 않다. 이럴 때 신입 사원이 그 오류를 보완할 수 있는 준비성을 발휘한다면 아주 좋은 평가를 받을 것은 뻔한 이치다. 실수는 늘 일어난다. 다만 그 대비책도 한두 가지 준비하는 것을 잊지 말자.

가정에서도 마찬가지다. 자신이 스스로 물건을 잘 관리할 자신이 없다면 여분을 준비해야 한다. 자동차를 사면 키를 두 벌을 준다. 이럴 때 하나는 정해진 곳에 따로 보관한다면 하나를 잊어버리더라도 일단 차를 사용하는 데는 문제가 없다.

필자는 혈압약을 먹는데 아침 식사 후에 집에서 복용하는 것을 원칙으로 하고 있지만 사무실에도 하나, 자동차 안에도 하나씩은 따로 보관한다. 그래서 혹시 급하게 나오다 약을 깜박하고 복용하지 않은 것이 기억나면 허둥대지 않고 사무실이나 자동차 안에서 복용한다.

누구나 100퍼센트 완벽하기는 어렵다. 꼭 실수를 자주 하는 사람이 아니라 하더라도 실수를 보완할 대책을 준비하면 인생이 배배 꼬일 가능성이 줄어든다. 이런 일은 원거리 이동 시에도 적용된다. 누구나 최단 시간에 원하는 목적지를 가고 싶지만 길거리에서는 언제든 예기치 않은 일이 생길 수 있다. 차가 갑자기 시동이 안 걸린다든지, 기름이 떨어진 것을 깜빡했다든지, 사고로 교통이 꽉 막힐 수 있다. 그럴 때 버스 노선이나 지하철로 이동하는 방법 등 대안을 한두 가지는 가지고 있어야 침착하게 다른 대안을 택해 당황하지 않고 목적지로 향할 수 있다. 한 가지만 준비하다가는 막히는 경우 의도치 않은 실수나 실패로 귀결될 수도 있는 것이 인생이다.

조직 생활

01 사적인 일과 조직의 목표가 충돌하면 조직을 우선으로 생각하라
02 퇴근 후에도 항상 일과 조직을 생각하라
03 당분간은 가정보다 조직을 더 중시하라
04 직장에 뼈를 묻겠다는 각오로 임하라
05 조직 생활을 배울 좋은 멘토를 만들어라
06 회사의 공식 행사에는 무조건 빠지지 마라

조직 생활 **01**

사적인 일과 조직의 목표가 충돌하면 조직을 우선으로 생각하라

직장 생활을 하다 보면 업무와 개인 사정이 부딪칠 때도 적지 않다. 개인적으로 누구를 만나야 한다든지, 집안일이 있다든지 하여 일과 개인적인 용무가 충돌하는 일이 적잖이 발생한다. 그럴 때는 당연히 조직을 우선해야 한다. 사안에 따라 다르기는 하지만 개인적인 일은 잠시 용서를 구하거나 늦게 해도 그 후유증이 크지 않으나 조직의 일을 뒤로 미루면 그 후유증이 오래간다. 일이나 조직에 대한 열정이 상대적으로 적은 사람으로 낙인찍히기 때문이다.

조직을 우선시하는 마인드가 없는 사람이 성공하기는 무척 어렵다. 일요일에 교회에 가야 하는데 회사에서 호출이 오는 경우도 있다. 물론 휴일이니 출근해야 할 당연한 의무가 있는 것은 아니지만 회사 입장에서는 긴박했으니 휴일에 호출을 했을 터인데 회사보다 더 우선시하는 대상(종교)이 있다면 불편해한다. 개인적인 용무가 있음에도 회사를 먼저 우선 생각하는 사람이 더 믿음이 가고 예뻐 보이는 것은 당연하다.

그래서 면접 시에도 이런 상황을 가정한 질문을 통해 확인하기도 한다. 면접 시에는 입사가 목표이므로 당연히 조직을 우선한다고 답변하지만 입사 후에는 그런 마음을 항상 간직하기가 쉽지 않다. 조직 입장에서는 능력이나 다른 조건이 비슷하다면 회사를 우선하는 사람에게 기회를 더 많이 주고 싶은 것이 당연하다.

약 25년 전에 필자가 다니던 회사에서 노사분규가 일어나는 바람에 관리자들이 집에 퇴근하지 못하는 사례가 발생했다. 관리자들에게 자신이 속한 부서에서 분규에 참여한 직원들을 조사하고 면담하여 분규장에서 나오도록 설득하는 일을 맡겼다. 당시 부서장이나 관리자 가운데 "노사분규는 자신의 일이 아니고 인사부서에서 맡아서 해결해야 할 일이 아니냐"고 항변하는 사람도 있었지만 회사 공동의 위기를 극복하기 위해 가족들과의 일정도 취소한 채 회사의 지시에 묵묵히 응해준 관리자들도 많았다. 어떤 관리자는 당일 생일잔치를 가족들과 약속하고도 회사의 급한 일로 인해 되근조차 하지 못했지만 아무런 불평 없이 회사의 지시에 따라 행동해주었다. 그러한 관리자들의 숨은 노력 덕분에 분규를 큰 문제 없이 마무리 지을 수 있었다.

회사 경영자가 내 일은 아니지만 회사의 급박한 위기관리를 위해 발 벗고 나서준 그 관리자들에게 어떤 감정을 느꼈을까? '놀 때 같이 어울리는 친구와 어려울 때 옆에 있는 친구 중 누가 더 진정한 친구일까?'를 생각해보면 경영자가 어떤 감정을 느꼈을지 미루어 짐작해볼 수 있다. 당시 자신의 일이 아니더라도 나서준 관리자들에게 회사는 눈에 보이지 않는 보은 인사나 복리후생 제도로 그 은혜를 갚아나갔다.

과거 20~30년 전에 입사한 선배들은 비교적 이런 현실을 당연한 것으로 받아들였다. 그러나 요사이 20대 신입 사원들은 조직과 개인(혹은 가정)을 같이 중시한답시고 원칙에 맞지 않는 회사의 요청은 거부하는 경우도 많다. 물론 그것이 법적으로나 도덕적으로 문제가 되지는 않겠지만 조직 입장에서는 달가운 일이 아니다. 남녀 사이에서도 이 사람 저 사람 기웃거리거나 양다리 걸치는 사람보다 오로지 나한테만 몰입하는 사람이 더 괜찮아 보이듯이 회사에서도 조직과 일을 제일 중시하는 사람이 인재로 자리매김되는 것은 너무나 당연한 이치다.

회사의 임원이 되고자 하는 사람이라면 이 정도의 작은 희생은 각오해야 한다. 이것저것 다 100점을 받으려 하다가 일이 꼬이면 전부 0점을 받을 수도 있다. 조직, 회사의 가치나 목표를 더 중시하는 습관을 들이면 나중에 더 큰 보답이 되어 돌아온다. 작은 목표나 개인적인 이익을 탐하다가 성장의 큰 기회를 놓치는 경우가 적지 않음을 인식해야 직장에서 성공할 가능성이 높아진다.

일본에서는 이런 유의 회사 지향성이 강한 사람을 '회사인간'이라고 비하하기도 한다. '그렇게 열정을 바친다고 회사가 알아줄까?' '회사에 올인하면 가정을 희생시킬 수밖에 없지 않을까?'라는 우려가 담긴 명칭 같다. 그렇지만 대부분은 미혼이고 가정이라는 끈에 엮이지 않은 상태인 신입 사원 시절이나 관리자로 승진한 초기에는 이런 마인드가 있어야 조직에서 성공하기 쉽다. 가정과 사적인 모임은 천천히 챙겨도 늦지 않다. 요즘은 80~90세까지 수명이 길어졌으니까 그 이후에도 충분한 시간이 있기 때문이다.

직장인들에게 회사는 하루 깨어 있는 시간의 대부분을 소비하는 곳이다. 또한 자신의 가정이 생계를 유지할 수 있는 생활비를 대어주는 곳이다. 그래서 인생의 가장 중요한 부분을 차지한다고 봐야 한다. 그런 회사를 개인적인 일보다 더 경시한다면 그렇지 않은 사람들보다 좋은 평가를 받기는 어렵다.

회사 입장에서 생각해보면 일터와 보수를 마련해주는 조건에서 자신(조직)보다 더 중요한 존재가 있다는 것을 용납하기 어렵다. 최선의 애정을 보여주기를 원한다. 아무리 능력이 뛰어나더라도 그런 마음가짐이 부족하다면 언젠가는 보이지 않는 미움이 쌓여가다가 결국은 애정의 끈을 놓게 된다. 그러면 평판이 나빠지고 승진이나 중요 보직에서도 밀려나게 된다. 따라서 급여도 상대적으로 낮아지고 챙겨주는 선배들도 줄어든다. 그러다 보면 스스로도 일과 조직에 흥미를 잃고 악순환의 사이클로 진입한다. 성공하기도 만만치 않지만 악순환의 고리에서 탈출하기는 더 어렵다. 공무원들은 '철밥통'이라고 하여 그러한 열정이나 조직 지향성이 다소 부족해도 정년이 보장되지만 이익과 생존을 목전에 두고 전쟁을 벌이는 기업에서는 탐탁지 않은 인력으로 분류되면 명퇴나 해고 예정자 명단에 올라가고 개인의 비전이 사라지는 것이다.

조직 생활 02

퇴근 후에도 항상
일과 조직을 생각하라

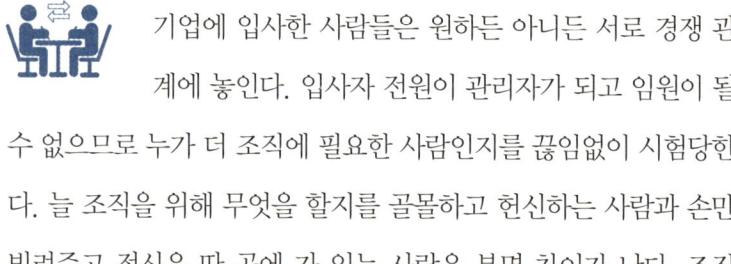

기업에 입사한 사람들은 원하든 아니든 서로 경쟁 관계에 놓인다. 입사자 전원이 관리자가 되고 임원이 될 수 없으므로 누가 더 조직에 필요한 사람인지를 끊임없이 시험당한다. 늘 조직을 위해 무엇을 할지를 골몰하고 헌신하는 사람과 손만 빌려주고 정신은 딴 곳에 가 있는 사람은 분명 차이가 난다. 조직 입장에서는 늘 조직을 생각해주는 사람이 더 고마울 수밖에 없다.

필자가 직장 생활을 할 무렵 같은 부서에 아주 열정적인 사람이 있었다. 당시 회사는 노사문제로 골머리를 앓고 있었는데 그 갈등을 풀고 새로운 노사관계를 형성할 새로운 아이디어가 절실히 필요한 시점이었다. 다들 머리를 짜냈지만 노사 간의 견해 차이를 줄일 해결의 실마리가 보이지 않았다. 그래서 노사 간에 실무협의체를 구성하고 답이 나올 때까지 워크숍을 계속했다. 그런데 그중 한 후배가 끊임없이 새로운 아이디어를 쏟아내는 것이었다. 말도 안 되는 이야기도 많았지만 결국은 그 후배의 아이디어로 노사관계를 순조롭게 풀 수 있었다.

모름지기 조직에 입사하는 사람은 그 조직을 위해 목숨을 바치겠다는 각오로 임해야 조직과 개인이 같이 성공한다. 반면 다른 일에 정신이 팔려 회사 일은 손만 빌려주거나 듬성듬성 '처삼촌 묘 벌초하듯이' 한다면 그 사람이나 조직은 미래가 불투명해질 수밖에 없다. 자본주의 자유경제하에서 기업은 자사가 보유한 경영 자원을 모두 동원해 총력전을 펼쳐야 살아남을까 말까 하는 치열한 경쟁을 펼치기 때문이다.

사실 당시 경영자들과 노조 관계자들이 감정적으로 첨예한 대치 상태를 지속하고 있어 실무자로서 고민이 많았는데, 어느 날부터 쉽게 풀려가기 시작했다. 담당자였던 그 후배는 협상이 잘 이루어지지 않자 새벽 2시에 노측 실무대표의 집으로 찾아갔다. 막 잠이 든 사람을 깨워서 맥주 한잔하면서 진정 어린 말로 설득했다고 한다.

그다음 날 그 노측 대표는 당시 인사부장이었던 필자를 만나 웃으며 말하기를 "당신들의 논리에 공감한 것이 아니라 회사를 생각하고 고민하며 끝까지 자신을 찾아와서 설득하려는 그 노력에 감동하여 합의를 한다"고 했다. 그렇다. 세상살이나 조직 생활, 비즈니스가 언제나 논리적으로만 풀리는 것은 아니다. 때로는 이러한 감동적인 노력으로 엉켰던 마음을 풀어갈 수도 있는 것이다. 이렇게 세상사는 이성적·논리적으로 풀려가는 경우보다 감성적인 접근으로 해결될 때가 더 많다.

이렇듯 사람의 능력은 대단하다. 골똘히 생각하면 아이디어가 계속 떠오른다. 그래서 필자는 창의력도 열정의 산물이라고 생각한다. 해보지 않고 안 된다고 하지 말고 일단 이렇게 몰입하여 시도하다 보면 일이 자연스레 풀려가곤 한다.

필자가 영업 현장에 처음 나갔을 때 일이다. 사실 그전까지 필자는 인사부서에서만 근무했는데 어느 날 영업부서장으로 발령이 났다. 영업도 모르고 보험도 모르는 사람이 보험영업 현장의 지휘관으로 왔으니 그 부서의 직원은 물론 주위 사람들도 불신과 우려가 가득 섞인 눈초리로 쳐다보았다. 그러나 필자가 자신 있는 부분이 있었다. 조직 관리, 사람 관리, 교육에 관한 한 남에게 절대 뒤지지 않는다고 생각했다. 그래서 정성을 쏟아붓고 골똘히 조직을 활성화할 비법을 생각했다. 출퇴근 시간은 물론 사무실에 앉아 있을 때도 이것들을 늘 생각했다.

약 2년간 영업부서장을 맡으며 100가지 넘는 아이디어로 구성원들을 배려하고 지원함으로써 그들이 헌신적으로 조직을 위해 일하도록 만들었다. 주위의 불신과 우려를 불식하고 현업 부서장으로 일한 지 약 6개월이 지나고 나서는 잘한 인사로 정평이 날 정도로 결과물을 만들어내기 시작했다. 보험영업에 대해서는 아무

것도 몰랐지만 골똘히 생각하고 노력하다 보니 다양한 아이디어로 조직력을 극대화하여 회사 영업부서 내 성과나 조직력을 정상으로 끌어올릴 수 있었다.

필자가 영업부서장으로 발령 날 당시 "영업을 아무나 하나?"라고 필자를 비웃거나 비아냥거리던 선배들도 나중에는 "대단하다"는 칭찬을 아끼지 않았고 그 덕분에 다시 인사 담당 임원으로 발탁되어 본사에 재진입할 수 있었다. 만약에 그 인사에 불만을 품고 투덜거리기만 했다면 임원으로 승진하거나 대기업의 인사총괄을 맡을 수 없었을 것이다.

꼭 소개하고 싶은 필자의 사례가 한 가지 더 있다. 필자는 직장에서 오랫동안 인사관리를 한 사람이다. 당연히 인사조직에 관심이 많을 수밖에 없다. 명절이 되면 TV에서 종종 보여주는 명화 중에 〈벤허〉라는 영화가 있다. 독자들도 서너 번은 족히 본 영화일 것이다. 그냥 재미로 여러 번 보아도 질리지 않는 영화지만 인사관리자의 시각으로 보면 더 흥미롭다. 즉 벤허의 리더십과 상대인 메살라의 리더십을 비교하면서 보는 것이다.

벤허는 자신이 타고 경주에 출전할 말들에게 "너는 이렇게 달려", "너는 코너 돌 때 옆을 잘 보며 보조를 맞추어야 돼"라고 마치 사람에게 하듯이 이야기를 나누며 공명한다. 그리고 말들에게 이름을 다 붙여준다. 개개의 말들을 존중하고 인정해주는 것이다. 또한 경주에 출전해서는 채찍을 들지 않는다. 반면에 메살라는 말은 말일 뿐이라고 생각하고 기다란 가죽 채찍으로 말들을 후리치며 달린다. 결국은 채찍 한 번 휘두르지 않은 벤허가 전차 경주에서 이긴다.

말이나 사람이나 적극성과 열정을 자발적으로 발휘할 수 있도록 해주어야 성과가 더 잘 나온다. 단기전에는 압박과 채찍이 잠시 유리할 수도 있지만 매가 겁이 나서 억지로 달리는 것과 스스로 힘을 내는 것은 차이가 날 수밖에 없다. 이후에 조직 관리나 조직 활성화를 설명할 때 벤허와 메살라가 말에게 동기부여를 하는 방식의 차이를 예시로 들곤 했는데 업무에 큰 도움이 되었다.

필자는 신입 사원 시절부터 업무와 무관한 영화나 책을 읽을 때도 이렇게 업무와 연관시키고 그 선상에서 이해하고 판단하려고 노력했다. 이러한 노력은 현직에 있는 동안 보이지 않는 자산이 되었음은 물론 집필과 외부 강의를 하는 현재도 콘텐츠를 풍부하게 하는 데 큰 도움이 된다. 업무와 일상의 복합화는 이렇듯 서로 별개의 사물들을 하나로 이어주며 양쪽에 다 이로운 도움을 준다.

조직에 몰입하라는 것은 살아가면서 깨어 있는 시간 중 가장 많은 시간을 할애하고 소득의 원천이기도 하며 가정을 이끌 자금원인 고마운 조직에 충성하고 헌신하라는 것이다. 이렇게 매사를 조직과 업무와 연관시켜 생각하다 보면 업무의 전문성도 다양한 아이디어도 어렵지 않게 찾을 수 있다. 많은 영화나 예술작품, 음악과 미술 등도 자신의 업무나 창의적인 발상에 많은 도움을 준다. 여행이나 행사도 늘 업무와 연관시켜 생각하면 할 일도 볼 것도 더 많다. 일상에서 일어나는 작은 일들도 업무와 결합해서 생각하는 버릇과 습관을 들이자. 그것이 직장 생활의 성공을 가져다주는 보이지 않는 실력과 팁이 될 것이다.

회사를 그만두고 시간이 많아진 후로는 오랫동안 냉담했던 성당에 다시 나가고 성경 공부나 성지순례도 가끔 다니고 있다. 회사 시절에는 휴일이면 주중의 피로를 풀기 위해 늘어지게 자거나 그간 소홀했던 가족을 챙기거나 아니면 고객이나 성과 우수자들과 함께 접대성 운동(주로 골프나 테니스)에 몰입했다. 그러다 보니 자연스레 신앙생활과는 멀어졌다. 근 40년 가까이를 성당 근처에도 가본 적이 별로 없다. 다만 고향을 방문하면 어르신의 성화로 동네 성당에 들르기도 했으나 그야말로 가뭄에 콩 나듯이 드문 일이었다.

아무튼 성당에 다시 나가고 난 뒤는 희한하게도 성당 건물과 성지 표지판이 자주 눈에 띄기 시작했다. 과거 현직에 있을 당시에는 전혀 보이지 않던 성지 표지판들이 여기저기서 눈에 띄는 것이었다. 참으로 신기한 일이 아닐 수 없었다. '아니 여기에 이러한 성지가 있었나? 그동안에도 자주 다녔는데 왜 한 번도 눈에 띄지 않았을까?' 이런 생각을 하다 누구나 자신이 관심이 있는 것만 보인다는 원리를 새삼 깨달았다.

그렇다. 내가 관심과 애정을 기울이는 존재만 눈에 들어오게 되어 있다. 마치 군인 시절 외출을 나오면 군인들이 유독 눈에 잘 띄는 것처럼 말이다. 이러한 이치로 어느 것에 관심을 기울이면 매사가 그리 연결되어 우리 머릿속에 들어온다. 회사 지향성, 업무 지향성이 강한 사람들은 매일매일의 일상도 회사 업무와 연관 지어 생각할 수밖에 없다. 이런 회사 지향적인 사람과 퇴근 후에는 회사를 깡그리 잊어버리는 사람 가운데 경영자가 누구를 더 좋아할지는 자명하다.

기업은 사람으로 구성되고 그 사람들이 재능과 열정을 발휘해 성과를 창출한다. 그래서 비슷한 수준의 능력을 가진 자들 사이에서는 열정의 차이, 즉 조직에 대한 충성심이나 일에 대한 몰입도에 따라 성과나 조직력의 차이가 벌어진다. 우수 기업이란 이러한 열정을 가진 직원들이 다른 기업에 비하여 상대적으로 더 많은 곳이고 또한 그런 열정을 불어넣어주는 시스템을 갖춘 곳이다. 삼성이 다른 기업보다 강한 한 가지 이유도 그러한 열정을 갖춘 인재가 많고 그 열정을 발휘할 수 있도록 뒷받침하는 각종 제도나 시스템, 상사들이 있다는 데서 찾을 수 있다.

열정과 조직에 대한 몰입도가 높은 사람은 자신도 성공해 나갈뿐더러 조직도 살찌게 만들어서 그 미래를 탄탄하게 만든다. 더불어 이런 한두 사람의 열정과 성공 사례는 자신뿐만 아니라 주위의 동료들도 자극해서 도미노처럼 조직 전체에 긍정적인 불을 붙인다.

그러니 신입 사원 시절에는 무조건 적극적으로 일과 조직에 몰입하고 열정을 바쳐놓고 볼 일이다. 이성적으로 불가능하다고 판단되는 일도 시도하다 보면 이루어지는 경우가 많다. 현대그룹을 창업하신 정주영 회장님이 생전에 하신 "가봤어?", "해봤어?"라는 말도 바로 이런 자세를 강조한 말이다. 이런 자세로 1년 차를 시작한다면 임원으로 성장할 가능성이 더 높아진다.

조직 생활 **03**

당분간은 가정보다 조직을 더 중시하라

 요즘 젊은이들은 가정이 직장만큼 중요하다고 생각할 것이다. 물론 틀린 말은 아니다. 그러나 과거 선배들은 일요일도 없이 직장을 나갔기에 가정을 돌볼 시간이 적었다. 그래서 '가정의 날'이라는 것을 만들어 일주일 중 하루(보통은 수요일) 또는 이틀을 정해 일찍 퇴근시키기도 했다. 그간 휴일도 없이 늘 직장을 지키느라 고생했으니 그날만큼은 일찍 귀가하여 가정을 돌보라는 취지에서 만든 것이다.

당시에는 퇴근 시간이 늦은 평일은 물론 휴일에도 아이들 얼굴을 보기 힘들어 가족들과 소원해지는 아버지들이 많았다. 아이들이 그린 가족 그림에도 아빠는 빠지고, 아빠 얼굴을 그리라면 술

취한 모습을 그렸다는 이야기는 안타깝지만 당시로서는 사실에 가까웠다.

가정과 직장이 다 중요하지만 너무 무리한 경우가 아니라면 기업은 회사 업무를 더 중시하는 사람을 당연히 더 좋아하게 마련이다. 그렇다고 가정을 깨트릴 정도로 일에 매달려서는 안 되겠지만 되도록 직장을 더 중시하는 사람이 직장에서 성공할 확률이 훨씬 더 높음은 분명하다.

성공한 CEO 중에는 가정이 원만하지 않은 사람들이 많다. 미국의 유명 기업들의 CEO 중에도 이혼한 사람들이 의외로 많다. 물론 임원이 되기 위해, CEO가 되기 위해 이혼도 불사하고 일에 매달리라는 말은 아니다. 일 때문에 가정을 내팽개쳐서는 안 되지만 가정의 화목을 도모하는 데 너무 치중한 나머지 조직 생활을 후순위로 미뤄두는 사람이 임원으로, 최고경영자로 성장하기는 힘들다는 점을 이야기하고 싶은 것뿐이다.

필자가 아는 유명 CEO 중에 한 분은 "최근 10년 동안 아내와 한 번도 같이 영화를 본 기억이 없다"고 하소연 비슷한 이야기를 하신 적이 있다. 필자가 "잘하셨다"고 맞장구칠 수는 없었지만 직장에서 거둔 성공의 이면에는 이러한 가정의 희생이 어쩔 수 없이 뒤따르는 경우가 많다. 또한 성공한 경영자들이 자식 농사에는 실패한 사례도 적지 않다. 회사 일에 몰두하다 보니 자녀 교육을 등한시한 결과일 것으로 추정된다. 이렇듯 직장에 충실하려고 하다 보면 가정에 어느 정도는 소홀할 수밖에 없다. 그러니 가정과 직장 생활을 균형 있게 관리하여 양쪽에 다 충실하다는 평가를 받도록 요령껏 살아야 할 것이다.

기업에 신입 사원으로 입사하는 사람은 20대 후반 이후 거의 50대까지 젊고 힘 있는 시기의 개인의 유효 시간 중 70~80퍼센트를 직장에서 보낸다. 이런 점유율만 따져봐도 가정보다 직장이 더 비중이 높다. 더구나 결혼하여 부인과 자식이 있더라도 배우자가 전업주부인 경우에는 남편은 가장으로서 외부에서 생계비를 충당해주는 것이 가장 우선되는 역할일 것이다.

그래서 부부 가운데 한 사람은 바깥에서 일하여 생계비나 가정에 필요한 자금을 마련하고 한 사람은 가정에서 육아와 가사를 전담하는 것이 전통적인 남녀의 역할 배분이었다. 가정을 잘 돌보기 위해 직장 일을 등한시하여 직장에서 밀려나거나 소외된다면 가장으로서 역할을 잘한다고 평가받기도 어렵다. 가정에서 좋은 평가를 받지 못하고 이룬 직장의 성공은 반쪽짜리겠지만 일단 직장에서 인정받고 성공해야 가정도 편안해진다.

누구나 직장을 그만두려고 하면 가장 먼저 뜯어말리는 사람이 바로 배우자다. 가장이 회사를 그만두면 당장 생계가 불안해지기 때문이다. 아무리 가정이 튼튼해도 직장에서 인정받지 못하면 가정도 점점 기울어지게 마련이다. 소득도 줄어들 것이고 자신감도 줄어든다. 가정에서 식구들이 짜증을 내는 일도 늘어날 것이다. 모름지기 집에 있는 대부분의 배우자는 '아침에 출근하고 저녁에 퇴근하는 남편'을 제일로 친다.

필자의 주장은 가정을 돌보지 말라는 것이 아니고 가정 생활과 직장 생활의 균형을 잘 유지하되 상황별, 시기별로 우선순위를 잘 따져서 살아야 인생길이 순탄하다는 점을 강조하고 싶은 것이다. 가정 관리나 조직 관리나 요령을 잘 터득하면 큰 어려움 없이 조화롭게 운영할 수 있다. 가정을 평화롭게 아름답게 이끌 방법들은, 의외로 많은 시간과 투자를 요구하지 않는다. 애정과 관심을 보여주면 그럭저럭 굴러간다. 다만 그 작은 관심을 보여줄 아이디어를 생각하지 않기에 가정을 돌보지 않는 가장이라는 욕을 먹게 되는 것이다.

집에 있는 여자들도 직장 생활의 고달픔을 조금은 안다. 그러나 가정에 전혀 관심을 보이지 않는 가장은 용서가 안 된다. "돈만 벌어다 주면 다냐?"고 불만을 토로하는 부인들도 분명히 있다. 퇴근시나 길을 가다가도 아내를 생각하고 작은 이벤트를 준비한다면 직장 생활과 가정을 균형 있게 조화할 수 있다.

요즘에는 결혼한 신입 사원이 소수에 불과하지만, 이런 요령을 마음에 새겨놓으면 나중에 가족을 만족시키면서도 직장에서 성공할 가능성이 높아진다.

조직 생활 **04**

직장에 뼈를 묻겠다는 각오로 임하라

직장에 뼈를 묻겠다고 생각하는 사람과 언제든 회사를 떠날 수 있다고 생각하는 사람은 확연한 차이가 난다. 채용을 위한 면접 시에는 면접관이 "얼마나 오랫동안 근무할 생각이냐?"고 물으면 누구나 합격할 요량으로 "평생직장으로 생각하고 있다"고 대답했겠지만 속마음이 다 그런 것은 아닐 것이다. 그렇다고 해도 자신의 일을 하는 사람과 남의 집 머슴살이하는 사람은 같은 일을 해도 성과가 차이가 날 수밖에 없듯이, 기업에서도 구성원의 의지와 열정에 따라 몰입도와 성과가 확연히 다르다.

뼈를 묻겠다는 자세로 일하는 신입 사원은 상사나 조직을 바라보는 시각도 완전히 달라진다. '내 일', '내 회사'라는 주인 의식이 있으면 그만큼 높은 성과와 좋은 평가를 받을 수 있다. 반대로 적당히 손만 빌려준다고 생각하면 일도 재미가 없을뿐더러 성과도 낮고 다른 사람 눈에도 부정적으로 보이게 마련이다.

프로배구 V리그 10연패를 달성한 신치용 삼성화재 배구단 감독이 이런 이야기를 한 적이 있다. 자신은 "배구에 목숨을 걸었다"고. 목숨 걸고 덤비는 사람을 '대강'하는 사람이 이길 수 없다. 또 이런 이야기도 있다. "근면한 자는 지혜로운 사람을 이길 수 없고, 지혜로운 사람도 덕이 있는 사람을 이길 수 없으며, 덕이 있는 사람도 일을 즐기는 사람을 이길 수 없다"고. 그러나 일을 즐기는 사람도 절대로 이길 수 없는 상대가 있다. 바로 '절박한' 사람이다.

목숨을 걸 정도로 절박한 상대는 그 기세부터 타인을 압도한다. 그래서 선수들에게 절박함을 불어넣는 것이 팀 전체의 전력으로 연결되는 것이다. 삼성 배구단이 2:1로 지다가 3:2로 역전승한 사례가 많은데, 신 감독은 바로 그런 절박함 덕분에 역전이 가능했다고 믿는 것 같았다. 매년 연초에 각 팀들이 선수단을 구성하고 나면 대강의 전력이 드러난다. 그때마다 삼성 배구단의 예상 순위는 늘 4~5위 선에 머물렀지만 시즌을 지나고 나면 항상 우승이나 준우승을 차지했다.

중국에서 몇십 년 전 다음과 같은 실험을 몰래 한 적이 있다고 한다. 마오쩌둥 주석이 농지개혁을 하면서 부자들에게서 땅을 몰수하여 국유화하고 집단농장 같은 것을 운영했다. 농민들로 하여금 집단적으로 농사를 짓게 하고 일정 부분은 국가에 현물로 세금을 바치게 하는 형태였다고 한다. 그런데 한 지역에서 18명에게 매년 공동영농을 시켰는데, 어느 해는 농민들이 서로 작당을 하여 18명이 당 지도부 몰래 땅을 1/18로 배분하여 각자가 농사를 알아서 짓고 당에서 정해준 부담을 1/18씩 모아서 당에 낸 적이 있다고 한다. 그런데 다른 해와 달리 공동 재배한 것보다 개인별로 한 영농의 소출이 물경 6배나 많았다.

이 일은 조정래의 소설 《정글만리》에 소개된 사실인데 놀라운 일이 아닐 수 없다. 주인의식을 가지고 내 일이라고 생각하고 하는지 아니면 공동의 일이라고 생각하고 일하는지에 따라 얼마나 많은 차이가 나는지 보여주는 실례다. 또한 가정에서 안주인이 자기 식구들에게 먹일 생각으로 시장에서 구입하는 야채의 신선도나 가격 대비 양과 품질이 남의 일을 해주는 가정부가 시장을 봐 온 것에 비해 세 배나 뛰어나다는 이야기도 있다.

조직에서 주인의식을 가지고 자신의 일이라고 생각하며 열정을 바치는 것과 대강대강 일손만 빌려주는 것은 이 정도의 차이를 만들어내기 때문에 조직에 뼈를 묻겠다는 각오로 일하는 사람과 그렇지 않은 사람 간에는 성과 차이가 좁히기 어려울 정도로 심대하다. 이러한 상황이 한두 해가 아닌 10년이 지나면 그 차이는 참으로 어마어마해지기 때문에 조직 입장에서는 주인의식과 열정을 강조할 수밖에 없고, 신입 사원이라 하더라도 그러한 습관과 자세를 익히는 것이 조직으로서나 개인에게나 참으로 중요하다.

설사 내일 회사를 그만둘지라도 오늘 하루는 뼈를 묻는다는 각오로 일하다 보면 회사에서 인정받고 핵심 인재가 되어 떠날 이유도 없어진다. 늘 "이놈의 회사 때려치워야지"라는 말을 입에 달고 사는 사람은 실제로도 인정받기 어렵고 자신이 그만두기 전에 조직에서 밀려나게 된다.

필자는 행운인지 불운인지는 모르겠지만 인사부서에서 직장 생활을 시작했다. 앞에서도 말했듯이 필자는 당시 건방지게도 '내가 이 회사 인사 부문 사장'이라고 생각하며 일했다. 그러니 당연히 할 일도 많고 생각할 아이디어도 많아졌다. 그런 생각으로 일하면 일이 많아지고 힘들더라도 훨씬 더 보람이 생기게 마련이다. 내 회사라는 생각, 이것이 바로 주인의식이다.

사실 법인은 주인이 없는 것이나 마찬가지다. 내가 주인이라고 생각하면 주인인 것이다. 참으로 엉뚱한 생각이라고 할 수도 있지만 '일을 벌이다가 잘못되면 회사가 손해나는 것이고 잘되면 내가 좋은 것'이라고 생각하면 더 도발적(?)으로 일할 수 있다. 회사나 부서에서는 그러한 신입 사원을 보고 도전적이고 열정이 많다고 생각하지 회사 말아먹으려고 일을 벌인다고는 생각하지 않는다. 큰 조직에 속한 월급쟁이가 자영업자보다 좋은 것은 바로 이런 점이다. 망해도 내 회사가 아니니 내가 손해나거나 책임질 필요가 없다. 그래서 더 공격적으로 일을 추진할 수 있는 것이다.

물론 상사에게 보고하고 허락받은 상태에서 일을 해야겠지만 수동적·소극적으로 지시만 기다리는 사람은 적극적·저돌적인 사람보다 직장에서 성공할 확률이 낮아진다. 신입 사원이란 어떤 일이든 씩씩하게 적극적으로 달려드는 맛이 있어야 한다. 주저하거나 소극적이면 일과 조직의 중심에 서기는 난망하다. 신입 사원이라 하더라도 일정 기간이 지나면 업무나 조직의 중심에 서려는 마음을 먹어야 성공을 앞당길 수 있다.

여기저기 다른 기업에 눈을 돌리고 기웃거리거나 적성 타령만 하면 머지않아 다른 사람 눈에도 보인다. 직장 생활이 적성에 맞는 사람은 매우 드물다. 필자가 만난 수많은 사람 중에서 조직 생활이 적성에 맞는다고 생각하는 사람은 단 한 명밖에 없었다. 그는 회사에 출근하고 싶어서 새벽에 빨리 해가 뜨기를 기다린다고 했다. 그 사람은 물론 승승장구하여 대기업 사장을 10년 이상 했다.

그러나 대부분은 처음부터 일과 조직이 적성에 맞아서 직장 생활을 유지하는 것이 아니다. 학교는 돈(수업료 등)을 내고 다니지만 직장에서는 일을 한 대가로 돈(급여 등)을 받는다. 그러니만큼 당연히 직장 생활은 쉽지 않다. 세상에 공짜는 없는 것이다. 적성에 맞지 않는다고 생각하는 사람의 90퍼센트는 사실 직장 생활에 적응하지 못하는 것이지 일이 적성에 맞지 않는 것은 아니다.

기업에 입사한 사람들 중 자신의 전공을 일로서 연결시키는 경우는 안타깝지만 아주 드물다. 대학 전공은 영문학을 했으나 영업을 하는 사람도 많고 체육학을 전공했으나 사무직으로 일하는 사람도 적지 않다. 따지고 보면 대학 전공을 자신의 적성에 맞춰 선택한 이도 많지 않다. 왜냐하면 자신의 적성을 고등학교 시절에 정확히 알고 대학 전공을 선택하는 경우보다는 성적과 대학의 사회적인 인지도, 대강의 적성 분야 정도를 맞춰 학과를 선택하는 경우가 많기 때문이다. 그래서 기업에 입사해서도 자신의 전공을 살리는 사람은 대단히 드물다. 예술 분야나 특별한 자격을 필요로 하는 분야에는 전공을 살린 사람이 상대적으로 많지만 기업에서는 그런 직종을 별로 찾아보기 어렵다. 따라서 적성 타령을 하고 있다면 스스로에게 그 진의를 물어봐야 한다.

통섭, 융합이라는 개념을 꺼내놓은 어느 학자는, "일에 심취하다 보면 적성이 생긴다"는 이야기를 했다. 일에 몰입하여 일을 알아가다 보면 자신도 모르게 그 일에 대한 흥미가 생기고 그 일을 좋아하게 된다는 것이다. 그렇다. 직장 생활을 하는 사람 가운데 자신의 적성에 딱 맞는 일을 하고 있다고 느끼는 사람은 드물다. 자신이 그 일에 몰두하면 자신도 모르게 그 일에 대한 적성과 애정이 생기고 열정도 따라서 생기는 것이다. 적성에 맞지 않는다고 불평할 것이 아니라 내가 그 일에 얼마나 몰두했는지를 먼저 따져보아야 한다. 실제로 적성 타령을 하는 사람들을 보면 대부분 그 일을 제대로 모르는 사람, 알려고 노력도 하지 않은 사람이다.

적성을 이유로 부서나 직장을 옮기는 사람들을 살펴보면 실제로는 일보다 그 조직 내의 인간관계(대부분은 상사) 때문에 힘들어하는 경우가 많다. 그것을 적성에 맞지 않는다고 오판하거나 직접 상사를 거론하기가 거북하니 애꿎은 적성을 탓하며 토로하는 것이다. 사실 아침 일찍 출근하여 상사 비위나 맞추고 단순한 일을 한다면 적성에 맞는다고 생각하는 게 이상할 정도다.

필자의 적성에 맞는 생활은, 아침 늦게 일어나서 라면 하나 끓여 먹고 친구들과 당구장에서 어슬렁거리거나 종일 고스톱 치고 놀다가 저녁에는 소주 한잔하는 것이다. 그러나 아시다시피 직장 생활을 그렇게 할 수는 없다. 직장 생활이나 업무가 적성에 맞을 거라고 생각하는 것 자체가 환상에 불과하다. 직장 생활을 하겠다고 생각했으면 적성과 자신의 가치관을 그 직장에 맞춰나가는 것이 직장인의 도리다.

적성을 이유로 한번 직장을 옮긴 경험이 있는 사람은 대개 다른 직장에서도 역시 적성에 맞지 않는 점을 발견한다. 또다시 적성을 핑계로 직장을 옮기기는 그러니까 승진이나 높은 급여를 이유로 삼게 된다. 두 번 이상 직장을 옮기다 보면 그것도 하나의 습관이 된다.

물론 아무나 직장을 자기 마음대로 옮길 수 있는 것도 아니다. 능력이나 전문성이 출중하거나 상황에 맞게 변화하는 능력이 뛰어나야 가능하다. 그렇지만 실제로 그런 사람은 그리 많지 않다. 그러므로 자신이 특별히 뛰어난 사람이 아니라면 자신에게 주어진 일에 자신을 맞추어나가는 것이 가장 바람직한 방법이다.

필자는 입사 시 적성검사에서 모든 직무가 다 적성에 맞는다는 희한한 결과가 나왔다. 적성검사 자체가 본인의 기술에 의존하다 보니 회사가 요구하는 정답을 써내려가면 그런 결과가 나온다. 이렇게 적성이란 본인의 의지에 좌우되는 경우가 태반이다.

60살이 넘어서 그림을 그리기 시작한 화가가 세계적인 명성을 얻고 죽음이 더 가까울 듯한 80세에 새로이 시를 쓰기 시작한 노인이 일본에서 최고의 베스트셀러 시인이 된 사례는 적성은 자신이 그 일을 좋아하고 몰두하면 생기는 것임을 방증한다. 인간은 누구나 한 가지 일에 몰두하면 전문가가 될 수 있는 엄청난 잠재력을 타고났다는 점을 명심하자.

직장을 세 번 이상 옮긴 사람이 대기업 임원이 되는 경우는 드물다. 물론 전문 능력을 높이 사 영입하는 임원은 예외지만, 이런 경우 '경영임원'이 아니라 '전문임원'으로 채용하며 그 관장 영역도 전문 분야에 국한된다. 따라서 본래 의미의 경영자를 지칭하는 경영임원과 구분해야 한다.

물론 선진국, 특히 미국에서는 직장을 자주 옮긴 것이 문제가 되지는 않는다. 미국 사람들은 기업의 본질을 '일을 하는 조직'으로 인식하고, 우리나라는 기업을 '사람들이 모여 있는 조직'으로 인식하는 차이점이 있다. 미국에서는 다른 기업에 가겠다고 하면 상사가 추천서를 써준다. 반면에 우리나라에서는 다른 기업으로 옮기는 사람은 한동안 그 사실을 비밀로 해야 한다. 기존 회사의 상사들이 다른 회사로 옮기는 부하 직원을 배신자로 여기는 경향이 있기 때문이다.

이런 차이는 조직을 바라보는 관점의 차이에서 비롯된 일이다. 아울러 미국의 인력/스카우트 시장은 매우 개방적이어서 회사를 옮기기도 훨씬 용이하다. 하지만 우리나라는 그렇지 않다. 따라서 전문적인 직능을 보유한 사람들을 제외하면 직장을 자주 옮겨 다니는 일이 흔하지는 않다.

  우리나라의 기업은 임원을 직무 전문가로서 발탁하기보다는 조직 경영자로 판단하기 때문에 자주 자리를 옮긴 사람을 임원으로 중용하는 경우는 드물다. 왜냐하면 경영자로 올라갈수록 회사의 기밀과 중요 전략을 담당하기에 오랫동안 겪어보고 믿을 만한 사람에게 맡기는 것이 안전하기 때문이다. 세 번 이상 직장을 옮긴 사람은 또 옮길 가능성이 상대적으로 더 높으므로 회사의 기밀 업무를 맡길 만큼 신뢰하기는 어렵다.

직원들의 근무 연수별 평균적인 퇴직률

  필자는 인사부서에서 20년간을 일하며 2000명이 넘는 많은 직원들의 사직서를 처리하고 그들과 이직 사유에 대하여 면담했다. 이직 사유로 거론하는 내용은 실로 다양하다. 주로 나오는 사유는 '학업을 계속하기 위해' '사업을 이어받기 위해' '자영업을 시작하려고' '적성이 맞지 않아서 다른 직업을 구해보려고' 등등이다. 그러나 이러한 이유는 사실이 아닌 경우가 대부분이었다. 회사를 그만둔 후 나중에 술자리를 하면서 들려주는 이야기는 대부분 "사람들과의 갈등으로 그만둔다"는 것이고, 앞에서 언급한 내용들은 퇴직을 위해 둘러댄 핑계일 뿐이었다.

  그렇다. 공부를 계속하려고 해도, 일이 적성에 맞지 않더라도 상사와 동료가 서로 화합하고 마음에 들면 쉽게 그만두지 못한다.

결국은 인간관계가 실질적인 이직 사유 중 첫 번째이며 많은 사람들이 동종업계의 타사로 스카우트되거나 수평이동했다. 그러나 다른 조직에 간다 해도 인간관계를 원만히 하기는 쉽지 않다. 조직이라는 곳은 지향하는 목적과 주어진 목표가 별반 차이가 없고 어느 곳이나 상사나 동료 역시 비슷비슷하기 때문이다. 그래서 다시 이직하는 경우가 다반사다.

필자는 또한 입사 연수별로 어느 시기에 퇴직을 많이 하는지를 보여주는 통계를 조사해본 적이 있다. 놀랍게도 입사 1년 전후 퇴직하는 비율이 직장 생활 전체 퇴직률 중에서 1/3의 비중을 차지했다. 최근의 통계는 이보다 더 많아졌을지도 모른다.

이른바 '조직 부적응'이 첫 번째 이유다. 기업 조직이란 어릴 때부터 학업을 마칠 때까지 속한 곳들과는 판이하게 달라서 적응하기가 생각만큼 쉽지 않다. 지금까지 돈을 내고 다니던 학교와 달리 돈을 받고 다니는 직장은 적응하기가 훨씬 더 어려운 것이 어쩌면 당연하다. 또한 아무리 취업이 어려운 '취업 전쟁' 상황이라고 해도 한 기업에서 원하는 자원은 대체로 여기저기서 원하는 특성이 있기 때문에 이런 특성을 가진 인력일수록 이직에 대한 생각도 입사 1년 차에 자주 하게 된다.

신입 사원은 아침 일찍 출근하는 것도 낯선 일이고 일 못한다고 상사한테 야단을 맞는 일도 생소하고 참기 어렵다. 모르는 일을 급하게 완수하라는 지시도 스트레스다. 잘 모르는 사람들과 같이 일하는 것이나 마음이 맞지 않는 사람과 억지 술자리를 하는 것도 상당히 부담스럽다.

특히나 요즘 세대는 집안에 한둘밖에 없는 귀한 아이로 자라서 부모에게 야단맞은 기억도 별로 없다. 부모 세대보다 풍요로운 환경에서 자라서 경제적인 핍박을 받은 적도 별로 없다. 이렇게 칭찬과 귀여움만 받고 자라 스트레스를 받은 일도 상대적으로 적다 보니 스트레스 내성이 형성되어 있지 않아 조금만 스트레스를 받으면 사표부터 들고 오는 사원들이 있다. 이러한 경우에는 사실 본인은 물론이고 그 사람을 조직원으로 받아들인 회사도 마이너스인 셈이다. 조직은 엉뚱한 일에 돈과 시간을 낭비한 셈이고 이직자 본인도 젊고 씩씩한 시절을 허송세월한 것이다.

한창 교육 중인 자원이 퇴사하면 후유증도 적지 않다. 기업 입장에서는 다시 일할 사람을 뽑아 교육해야 하고 빈자리를 메워야 하기 때문이다. 좋은 일터라고 생각되는 기업 몇몇 곳은 조기 퇴직을 하는 사원이 아주 적다. 그렇지만 중소기업에 취업한 사람들은 호시탐탐 대기업의 좋은 자리를 염탐하고 있을 수도 있다.

그렇지만 일찍 자리를 옮기는 사람이 다른 조직에서 성공할 가능성은 확률적으로 아주 낮다. 왜냐하면 기업이란 알고 보면 어느 곳이나 대동소이하기 때문이다. 삼성이나 현대 같은 대기업은 월급을 많이 주지만 일이 힘들고 빈틈이 없다. 그러한 스트레스를 견디기 어려워 헐렁한 기업으로 옮기면 주위의 시선도 있고 급여도 낮아 성취감이 생기기 어렵다. 직장 상사 중에 좋은 상사는 거의 없다. 옮겨봐도 거기서 거기다.

이런 이유로 한번 사직을 한 사람은 또 사직을 하고 싶은 욕구가 생기게 마련이다. 마치 선을 보는 청춘남녀가 한두 번의 선으로 배우자를 선택하지 못하면 10번, 20번을 훌쩍 넘기는 경우가 많은 것과 비슷하다. 선을 많이 본 사람들의 이야기를 들어보면, 자꾸 선을 더 보게 되는 이유는 "새롭게 선을 보면 그 전에 선 본 사람보다 못하다는 생각이 들기 때문"이라고 한다.

그렇다. 사실 남녀도 딱 내게 맞는 사람을 찾기는 어렵다. 그런데 딱 맞는 일터를 찾기는 얼마나 어렵겠는가. 서로 조금씩 양보하며 맞추며 사는 것이 결혼이고 인생이듯이 직장에서도 아주 중요한 몇몇 조건이 맞는다면 사소한 것은 내가 어느 정도 희생하고 포기하며 맞춰서 생활해야 한다.

퇴직 사유는 대부분 사람과의 갈등, 특히 상사와의 갈등이다. 그렇지만 어느 조직에는 착하고 마음에 드는 상사가 있고 어떤 기업에는 다 나쁜 상사만 있는 것이 아니다. 설령 딱 맞는 상사라고 해도 2~3년이면 인사이동으로 다른 상사를 만나게 된다. 결국 직장 생활을 잘하려면 상사한테 내가 맞춰야 한다.

상사란 시집가서 만나는 시어머니와 다르지 않다. 며느리 중에 시어머니를 마음에 들어 하는 사람은 별로 없듯이, 조직에서 상사와 정말 궁합이 맞는다고 생각하는 사람은 본 기억이 없다. 일을 지시하고 나를 평가하며 상과 벌을 내릴 수 있는 상사는 누구에게나 늘 부담스럽다. 그러한 부담스런 상사, 저녁 술자리에서 늘 안주감이 되는 상사도 어느 시기가 지나면 자리를 옮기지만 나중에 만나면 희한하게도 반갑다. 모실 당시에는 아주 독사 같았는데 지금 보니 든든한 후원자 같다는 생각이 드는 상사도 있다. "늑대를 피하니 호랑이를 만난다"는 말도 있듯이, 상사를 피해서는 제대로 된 직장 생활이 불가능하다. 극복하거나 감동을 줘서 내 편으로 만드는 것이 상책이다. 그래서 이 1년의 조직 적응기를 잘 넘겨야 한다.

입사 이후 적응을 하여 1년을 잘 넘겼다 하더라도 2~5년 차를 전후해 많은 이들이 퇴직을 한다. 이때 퇴직하는 비율이 전체 퇴직률 중에서 1/3을 차지한다. 다만 이때의 이직은 이직하는 개인보다 기업 쪽에 더 심대한 손해를 끼친다. 이제 일할 만하니 회사를 그만둔다면 회사 입장에서는 낭비를 한 셈이고 업무에도 적잖은 공백이 생긴다. 한창 실무를 추진해야 할 시기기 때문이다. 대체로 이 기간에 퇴직하는 사람은 사소한 사유보다는 새로운 도약을 위해 자리를 옮기는 경우가 많다.

필자가 입사하여 3년 정도 지났을 인사 담당자 시절의 일이다. 입사 연배가 비슷한 분이 필자와 면담을 하러 찾아왔다. 상사와 맞지 않아서 도저히 더 이상 회사를 다니기가 싫다는 것이었다. 이야기를 들어보니 그가 지목한 상사는 사적인 욕심으로 비리를 저지르고 있었고 부하 직원들에게도 자신의 이익을 위하여 희생을 강요한다는 것이었다.

이야기를 들어보니 그 과장은 회사를 좀먹는 해사분자인 것이 분명해 필자는 그 동료를 설득했다. "당신은 옳고 상사가 그르다면 왜 당신이 회사를 그만두려고 하느냐? 조직을 위해 그 나쁜 상사를 몰아내야 하지 않느냐." 그분은 저의 설득에 공감하여 한동안 스트레스를 받으며 일을 계속했는데 얼마 안 가 그 문제의 상사가 다른 회사로 전출되었다. 면담했던 그분은 그 후로 승승장구하여 임원 반열에 올랐으며 당시의 인연으로 아직도 친하게 지낸다.

사실 상사 중에 잘못된 상사도 분명히 있을 것이고 부하 중에도 불민한 사람이 있다. 어느 조직에나 그런 사람들이 있다. 그렇지만 그 정도 문제나 이런저런 사유로 회사를 그만둔다면 퇴직할 사유는 정말이지 여기저기 널려 있다. 입사 2~5년 차는 실무적으로 어느 정도 본인 몫을 하고 대외적으로도 안정되었기 때문에 주변의 유혹도 많다. 그래서 더 높은 직위를 제안하는 기업으로 옮기기도 하고 들어가길 원했으나 신입 사원으로 입사하지 못한 기업이 경력 사원을 모집하면 응시하기도 한다. 또한 대기업을 선호하여 취업 기회만을 노리고 있는 사람들도 적지 않다.

이런 경우 개인 입장에서는 자신의 적성을 찾아가고 더 좋은 기업으로 옮기는 이점이 있는 것은 사실이다. 그러나 기업 입장에서는 절대적으로 마이너스다. 부적응자인 경우를 제외하고는 말이다. 대부분은 업무 기밀 누설 방지나 업무 추진력의 누수를 막기 위해 적극적으로 이직을 막아야 하는 자원들인 셈이다. 따라서 이 시기에 퇴직하는 인력이 많아지면 그 조직을 관리하는 관리자의 인간관리 능력을 의심해보아야 하고 근무성적 평가에서 불이익을 주는 기업도 많다. 한창 일할 시기에 있는 자원을 잃는 것은 기업 입장에서 큰 손해기 때문이다. 그래서 이 시기에는 급여의 인상 폭이 다른 시기보다 상대적으로 높고 곧 진급도 기다린다. 이런 방식으로 기업은 경력 사원의 유출을 막아보려고 애쓴다.

>> 2~5년 차 퇴직의 주요 유형
- 대기업 사원/대리가 중소기업 과차장으로 승진하여 옮기는 경우
- 중소기업 대리가 대기업 사원이나 대리로 옮기는 경우(안정성/고소득)
- 업무에 대한 전문성 확보로 다른 기업에 스카우트되는 경우
- 석박사 취득을 위해 다시 학교로 가는 경우
- 중견기업의 사주 아들이 대기업 업무를 배우고 경영 승계를 위해 떠나는 경우
- 상사와의 갈등이나 사내 문제(비리/성희롱 등)가 발생해 이직하는 경우
- 직무와 관련한 창업을 위해 퇴직하는 경우

조직 생활 05

조직 생활을 배울
좋은 멘토를 만들어라

조직과 사람과 일을 배우고 조직 생활을 순조롭게 해 나가기 위해서는 좋은 멘토가 필요하다. 멘토를 신입 사원이 선택할 수는 없다. 그러나 자신의 부서가 아니더라도 이런 저런 형태로 접하는 선배 중에 조직의 핵심 인재를 멘토로 삼고 친하게 지내면 좋다. 다행히 필자는 부서 내에서 좋은 선배들을 만나서 멘토로 삼았다. 업무 지식이 뛰어나고 생활 태도나 직장관이 훌륭한 선배를 멘토로 삼는 것은 성공으로 가는 지름길을 찾은 것이나 진배없다.

필자는 10년 전후의 사원/과장 시절에 여러 유형의 관리자를 만났고 그분들을 멘토로 모셨다. 아니 모셨다기보다는 조직 구조상 그렇게 될 수밖에 없었다. 집에서 지내는 시간은 잠잘 시간 말고는 별로 없었고 주로 직장이나 근처에서 하루 15시간 이상을 같이 지내다 보니 멘토든 아니든 그 성향을 따르고 배우며 익힐 수밖에 없었다.

필자가 오래 몸담은 인사부서라는 곳이 기업 내에서 상대적으로 우수하고 조직관이 뚜렷한 사람들로 채워지게 마련이라 당연한 귀결이었기도 했지만 근무 기간 동안 다수의 좋은 멘토들을 확보할 수 있었다. 물론 자신을 멘토로 생각하고 멘터링을 잘해주신 분도 계시고 그 반대의 입장에 선 분도 계셨지만 그 성과는 본인(멘티)이 마음먹기에 달렸다. 즉 좋은 멘토링은 그대로 본받으면 되는 것이고 상사나 선배들의 잘못된 습관이나 가치관, 업무 방식은 본인이 수정, 보완하여 자기 것으로 승화시키면 된다.

살신성인의 자세로 자신이 맡은 과업을 잘 수행했지만 중도에 하차하는 분도 만났고, 자신의 목표를 조직의 니즈와 잘 조율하여 조직도 이롭게 하고 자신도 임원으로 승진하여 성공하는 멘토도 만났다. 두 분의 장점을 필자는 적절히 벤치마킹했다. 멘토를 잘 만나서 성공하면 운으로 생각할 수도 있지만 멘토를 잘못 만났다고 하여 운이 부족하다는 탓만 할 수도 없거니와 꼭 실패하는 것은 아니다. 그 멘토의 잘못을 잘 이해하여 본인은 그런 실수를 저지르지 않도록 사전에 예방할 수 있다면 그분도 훌륭한 멘토인 것이다.

요컨대, 선배들에게 배울 것은 배우고 배우지 말아야 할 것은 배우지 않으면 된다. 그것은 순전히 자신이 판단할 일이다. 자신은 멘토를 잘못 만나서 실패했다고 하는 이야기는 순전히 변명에 불과하다는 점을 강조하고 싶다. 그런 한탄을 할 시간에 자신을 바로 잡는다면 더 큰 성취감을 맛볼 수 있다. 이것이 바로 '청출어람'의 비법인 것이다.

상사들의 언행을 무조건 벤치마킹할 것만은 아니다. 이른바 '화이부동和而不同'이라는 사자성어가 있듯이 구성원들과 잘 어울리되 자신의 색깔을 잊어버릴 정도로 부화뇌동하지는 말아야 한다. 취할 것은 취하고 자신의 색깔은 내되 충돌 없이 잘 어울려야 한다는 뜻이다. 일곱 개의 색깔들이 모여서 아름다운 하모니를 이루지만 그렇다고 해서 그 하나하나의 색깔들이 전체에 묻혀버리는 것은 아니고 자신의 고유 색상을 지닌 무지개처럼 말이다. 반대로 이래도 좋고 저래도 좋은 무색무취도 바람직하지 않다. 자신의 컬러를 가지고 있으면서도 동료들과 화합할 줄 아는 사람이 성공할 가능성이 더 높다.

부서 내에 멘토로 삼을 만한 사람이 없다면 부서 외부나 회사 외부에서 멘토를 정하고 배우면 된다. 멘토도 좋은 분을 만나면 행운이고 아니면 어쩔 수 없는 것이 아니라 멘티 입장에서도 멘토를 선정하여 잘 보필하면서 좋은 교훈을 배우면 자신을 바르게 키워줄 멘토가 되는 것이다. 좋은 멘토를 만나 순조롭게 그 길을 따라서 성장하는 방식이 가장 바람직한 길처럼 보이나 오히려 그 멘토들의 문제점이나 약점을 개선하고 보완하여 더 업그레이드하는 것이 뒤를 따라가는 사람들의 몫이라는 점도 명심하자. 이렇게 후배가 선배보다 나아져야 그 조직이 발전할 수 있는 것이다.

조직 생활 06

회사의 공식 행사에는 무조건 빠지지 마라

회사 생활을 하다 보면 여러 가지 행사에 참석해야 할 때가 있다. 월례조회처럼 전원이 참석해야 하는 행사도 있고 일부만 참석해도 되는 행사도 있다. 어떤 행사든 신입 사원이라면 뒤로 빼지 말고 제일 먼저 손들고 나서는 것이 좋다.

물론 상대적으로 일이 적은 신입 사원에게 이런 행사에 참여할 기회가 많이 오겠지만 설사 그렇지 않다 하더라도 주저 말고 참석하도록 하자. 어차피 자신에게 부여될 일인데 스스로 손들지 않고 주저하며 몸을 빼다가 상사가 지명하도록 놔두면 같은 일을 하고도 좋은 소리를 듣지 못한다. 선배 입장에서는 이렇게 손들고 먼저 참석하겠다고 나서는 후배가 당연히 예뻐 보이게 마련이다.

또한 이런 행사에 참가하는 일은 다른 부서의 여러 사람을 만나고 소통을 통해 적잖은 친구들을 사귀고 회사 업무나 정책 방향을 파악하는 데 많은 도움을 준다. 조직에 들어온 이상 여러 사람을 알아놓는 것은 자산이 된다. 아울러 나중에도 어울릴 수 있는 좋은 계기가 된다. 평소에 자연스럽게 알아놓으면 꼭 필요할 때 안면을 터야 하는 수고를 줄일 수 있다.

아울러 참석하지 않아도 아무런 제제나 문제가 되지 않은 행사도 많다. 취미반 행사나 동우회 모임 같은 것이다. 그러나 신입 사원에게는 이러한 모임도 좋은 기회가 될 수 있다. 등산이나 볼링, 낚시 행사에도 골고루 동행해보는 것이 좋다. 신입 사원 시절에는 시간이 많다. 그런 시간을 활용하여 조직과 사람을 익혀놓으면 나중에 큰 힘이 된다. 특히 운동 모임은 자신의 건강관리에도 유용하고 많은 구성원들과 업무 외적으로 자연스럽게 어울릴 수 있기 때문에 훨씬 더 편하게 만날 수 있다.

어떤 조직이든 사람들과의 어울림과 소통만큼 중요한 것은 없다. 사람들을 빼고 조직이 존재할 수는 없다. 많은 사람들과의 만남은 자연스런 소통의 기회와 많은 친구들을 사귈 수 있는 기회가 된다. 여기에다 건강관리까지 도모할 수 있다면 꿩 먹고 알 먹고, 양수겸장의 좋은 결과를 촉진할 수도 있을 것이다.

오히려 이러한 비공식 모임에서 진솔한 대화나 사내 정보들이 더 많이 오가곤 한다. 서로 편한 심리 상태라서 더 솔직한 대화가 오가게 마련이다. 비공식적인 활동에서 너무 자기들만의 결속력을 다지는 것은 바람직하지 않지만 홀로 독야청청하기도 어려운 것이 직장 생활이다. 이러한 비공식 행사야말로 자연스럽게 많은 사람들과 친해질 수 있는 계기가 된다는 것을 잊지 말자.

필자는 입사 후 약 10년 동안은 당시 가장 많은 구성원들이 참석하는 등산반 행사에 자주 따라다녔다. 꼭 등산을 좋아해서 그런 것이 아니라 많은 사람들을 사귈 수 있는 점이 좋았다. 시산제나 특별 행사가 있을 때는 사장을 위시한 임원들이나 부서장들도 등산반 행사에 참석하곤 했다. 그분들을 만나서 인생이나 직장 생활에 필요한 좋은 교훈을 들을 수 있었고 얼굴을 익혀놓을 수 있어서 여러모로 직장 생활을 이어가는 데 도움이 되었다. 물론 등산반 행사에만 간 것은 아니고 낚시반이나 볼링반, 스쿼시반, 야구반 등 두루두루 참가했다. 그러다 보니 운동을 통한 건강 증진은 물론이고 필자가 담당하던 인사 업무에도 많은 도움이 되는 정보를 접할 수 있었으며 다양한 직무의 다양한 사람들을 접할 수 있었다.

사실 인사부서에서 먼저 만나자고 이야기를 꺼내면 꺼려하는 사람들도 적지 않다. 그렇지만 이런 자리는 아주 자연스런 기회이므로 누구나 거리낌 없이 소통할 수 있었다. 덕분에 많은 친구를 사귀고 아울러 사내 여러 부서의 구성원들과 원활한 협업 관계를 형성할 수 있었다. 일을 하다 보면 공식적인 업무로 만나는 것보다는 비공식적인 만남으로 일을 풀어가는 것이 훨씬 더 편할 때가 많다. 경직된 상태가 아닌 열린 마음으로 만나는 자리는 업무상 쌓일 수 있는 오해도 풀고 서로 입장을 이해할 수 있는 좋은 기회가 된다.

글을 마치며

　인생은 정직하다. 또한 공짜가 없다. 때로는 요행을 바라고 일을 벌이기도 하고 일시적으로는 좋은 운 덕분에 이득을 보기도 하지만 장기적으로 보면 누가 열정적인 노력을 많이 쏟느냐에 따라 인생의 성패가 결정된다. 늘 불행 속에서 사는 사람들도 없잖아 있지만 대개는 좋은 일과 나쁜 일이 골고루 나타난다. 이런 이치를 나타낸 글귀들이 제법 있다. '전화위복' '새옹지마'라는 사자성어도, "복은 늘 화를 끌고 다닌다"는 명구도 그런 이치를 나타내는 말이다. 행운을 만나 희희낙락하다가는 자만심이나 방심으로 머지않아 실패의 나락으로 떨어지기도 한다.

　직장 생활도 마찬가지다. 일찍 임원으로 승진해서 좋아하다가 일찍 그만두는 경우도 흔하다. 또한 '남의 불행은 나의 행복'이라는 말도 있다. 사실 진심으로 남이 잘되기를 바라는 사람은 드물다. 인생사가 술술 풀려서 승승장구하는 사람이 있다면 주위의 질시와 비난이 뒤따르기 쉽다. 그래서 직장 생활이나 인생살이 모두 만만하지 않다. 늘 가까운 곳도 살펴보고 먼 곳도 바라보며 살아야 실패의 가능성을 줄일 수 있는 것이다.

아랫사람에게 존경을 받는 사람이 상사에게도 호평을 받는 일은 그리 흔하지 않다. 그 반대의 경우가 더 많다. 성과를 내려면 아랫사람들을 핍박해야 한다. 그러면 목표를 달성해 상사에게는 칭찬을 받을지 모르지만 그러다 보면 부하 직원들의 원성과 미움을 사게 된다. 아랫사람과 인간적으로만 잘 지내다가는 주어진 부서의 책무를 다하기 어려워진다. 이래저래 사람과의 관계에서도 성공을 거두기가 만만치 않다.

이렇게 직장 생활은 어느 것 하나 쉬운 게 없지만, 모름지기 신입 사원이라면 최선을 다한다는 자세와 조직에 대한 열정을 보여줘야 한다. '고진감래'나 '진인사대천명'이라는 말처럼, 최선을 다하고 하늘의 명을 기다리면 고생 끝에 낙이 올 것이다. 신입 사원 시절에 이것저것 너무 재다가는 행운의 여신이 달아날지도 모른다.

운運은 미래의 추가적인 노력을 암시하는 것이고 복福은 과거의 노력에 대한 보답이다. 남이 보면 참 운이 좋아 보이는 사람도 더러 있다. 그러나 자신은 늘 운이 좋다고만 믿고 노력하지 않고 교만하면 그 운은 곧 떠나간다. 운은 차후에 노력으로 보답해야만 오래도록 지킬 수 있다. 운은 자신의 노력보다 먼저 오는 것이다. 복은 노력 후에 따라오는 보상이다. 복을 받으려면 열심히 노력하는 수밖에 없다. 남은 일이 술술 잘 풀리는데 나만 왜 이리 힘들까 생각하지 말고 그 시간에 열정을 쏟아붓다 보면 언젠가 운과 복이 따라온다. 운과 복은 대부분 보이지 않은 노력의 결과다.

필자가 제시한 신입 사원의 직장 생활 요령을 단 세 가지로 요약하면 '사람에 대한 진실한 사랑', '일에 대한 무한한 열정'과 '목표를 이루려는 치열한 근성과 조직 지향성'이라고 할 수 있다.

이 책자의 서두에서도 여러 번 언급했지만 신입 사원이 직장 생활을 시작하면 세 가지 요소와 만난다. 사람, 일, 조직이 바로 그것이다.

신입 사원이 가장 먼저 갖춰야 할 자질은 '사람에 대한 진실한 사랑'이다. 직장에서는 참으로 다양한 사람들을 만난다. 우선 위로는 상사나 관리자, 선배가 있고 아래로는 곧 부하나 후배가 생길 것이다. 옆으로는 동료들이 있다. 비즈니스로 만나는 외부 인사들도 다양하다. 또한 집으로 돌아오면 가족이 있고 사회에도 이웃들이 있다. 이런 사람들과의 관계를 원만히 긍정적으로 유지하는 것이 가장 기본이다. 그러려면 우선 에티켓이나 매너가 좋아야 하고 사람에 대한 관심과 긍정적인 마인드를 가져야 하고 사람을 존중하고 존경해야 하며 누구에게든지 배우려는 마인드가 있어야 한다.

일과 조직도 사람들이 모여서 만든 것이라 사람을 잡으면 다 잡히는 것이다. 조직에서 성공하는 자 중에 인간관계를 무시하거나 경시하는 사람은 보지 못했다. 사람에게 쏟는 정성은 늘 긍정적인 결과를 가져온다. 또한 사람은 누구나 자기를 좋아하는 사람을 배척하지 못한다. 일을 좀 못하더라도 자신에게 충성하는 사람을 무시하지 못하는 것이 사람의 정리이자 상식이다.

둘째는 '일에 대한 열정'이다. 기업이란 조직은 사람들이 모여 일을 하는 곳이다. 일을 잘하고 성과를 내서 조직에 기여하려면 자신이 맡은 일에 열정을 품지 않으면 안 된다. 열정이 있는 자와 그렇지 않은 자는 세월이 흐르면 엄청난 차이가 벌어진다. 일에 자신의 혼을 불어넣고 혼을 쏟아붓는다면 상상하는 이상의 성과를 낼 수 있다.

일은 열심히 하는 것이 우선이지만 결과적으로 효율적이고 생산적으로 일해야 한다. 창의력을 발휘하고 혁신을 일구어가려면 늘 고민하고 메모하는 습관이 중요하다. 그런 노력들이 단시간에 좋은 성과로 연결되지 않는다고 해도 그 힘과 에너지가 축적되어 나중에는 큰 산도 옮길 수 있는 강력한 힘을 발휘하게 된다.

셋째는 '목표를 이루려는 치열한 근성과 조직 지향성'이다. 정해진 목표가 흔들리면 조직 전체가 와르르 무너질 수도 있다. '목표에 의한 조직 관리^{MBO}'라는 용어가 있을 정도로 조직에서 목표는 중요한 기능을 한다. 따라서 적절한 과정을 거쳐 적정한 수준에서 목표가 확정되었다면 구성원들은 모두 자신의 목표에 매진하여 주어진 목표 이상을 달성해야 조직이 발전한다.

신입 사원 시절에는 목표가 적당한 것인지, 적절한 프로세스를 거쳐 만들어진 것인지 알기 어렵다. 그래서 그 시절엔 목표의 수준과 수립 과정을 생각지 말고 무한 도전하는 정신으로 일하는 것이 최선이다. 나중에 어느 정도 세월이 흘러 그 직무의 전문가가 되거나 관리자가 되었을 때는 목표의 수준과 수립 과정의 적정성을 따져보거나 그 과정에 깊이 참여하게 될 것이지만, 신입 사원 시절에는 맹렬 수행하는 스님처럼 목표를 달성하는 데 몰입하는 것이 최선이다. 신입 사원이 따지고 고민할 문제는 아니다.

사실 사람에 대한 사랑과 일에 대한 열정이 있는 사람들은 대부분 조직 지향성 역시 강하다. 그렇다고 해도 조직에 대한 충성심은 꼭 짚어볼 필요가 있다. 일을 열심히 하고 사람들과 원만히 지내는 것이 다만 자신이 조직 내에서 편하고 안전하게 지내기 위한 것이라면 그 끝도 좋으리라고 장담하기 어렵다.

조직은 어떨 때는 참으로 냉정하다. 조직 전체의 발전을 위해 일부를 잘라내야 하는 경우도 생긴다. 우리 몸의 각 기관이나 내장이 몸 전체의 균형과 발전을 도모해야지 그 기관만의 성장을 지향해서는 몸이 기형이 될 수밖에 없듯이, 조직도 살아 있는 생물체 같아서 조직 전체의 균형과 발전을 도모해야 한다. 일을 하거나 사람을 만날 때도 늘 조직 전체의 발전과 균형을 염두에 둬야 하는 이유가 바로 여기에 있다.

자나 깨나 조직과 일을 생각하는 사람은 말과 행동이 다르다. 주말을 보내고 월요일에 회의실에 같이 마주 앉았을 때 조직을 생각하고 일을 고민한 사람과 그렇지 않은 사람은 확연히 표가 난다. 휴일이니 조직을 완전히 잊고 가정이나 자신의 안위에만 몰두한 사람과 화장실에 앉아서도 조직과 일을 생각한 사람이 차이가 나지 않을 리 없는 것이다. 그러한 차이가 결국 핵심 인재와 부수적인 인력을 구분 짓는 분류 기준이 되기도 한다.

어려울 때 친구가 진정한 친구라고 생각하듯이 조직도 마찬가지다. 조직이 어려울 때 구성원들이 헌신하고 몰입해주기를 바란다. 그런 시기에 자신의 이익만 탐하다가는 조직 지향성이 떨어지는 사람으로 낙인찍히게 마련이다. 모름지기 신입 사원 시절에는 딴생각 다 지우고 조직과 일만 생각하며 1년을 보내기를 강력히 당부한다.

이 책에서 제시하는 직장 생활 요령 중 5~6가지도 실천에 옮기기 힘들다고 생각하는 사람도 있을 것이다. 그리고 '그렇게까지 직장에 목을 맬 필요가 없다'고, '임원으로 승진하지 않아도 충분히 잘 살 수 있다'고 생각하는 사람도 있을 것이다. 그러나 그렇게 생각할 일만은 아니다.

우리 아버지 세대는 지금보다 3~4년 일찍 결혼하여 직장을 퇴직할 55세 전후에 자식들을 출가시키고 평균적으로 70세가 되기 전에 세상을 떴다. 그러니 퇴직 후 생존 기간이 길지 않아 퇴직 후 노후 자금의 필요성이 상대적으로 적었다. 또한 자식들이 당연히 부모를 부양해야 한다고 생각하던 때라 짧은 노후라 하더라도 자식들이 봉양하거나 생활비라도 보내주었다.

그러나 지금 신입 사원으로 입사하는 젊은이들은 몇 가지를 더 생각해야 한다. 우선 회사 퇴직 후에도 회사를 다닌 기간만큼 더 살 정도로 수명이 길어졌고 앞으로 더 길어질 것이라는 사실이다. 지금 필자는 60살이 다 되었지만 의학 발전으로 특별한 사고가 없다면 잔여 수명이 25~30년은 된다고 나왔다. 회사를 그만둔 지도 벌써 4년이 지났는데 앞으로 25년 이상을 더 살아야 하니 그 생활비를 미리 준비해야 한다.

아울러 지금도 이미 그러하지만 앞으로는 부모가 자식에게 부양을 기대하기는 더욱 힘들어질 것이다. 필자도 그럴 생각이 없다. 물론 복지제도가 많이 나아지고 있지만 그것은 최저생활이 가능하도록 도와주는 정도이지 여유로운 노후를 보장해주는 정도는 아니다. 따라서 노후를 잘 보내려면 직장 생활을 할 때 노후 자금을 충분히 준비해야 하는데, 부서장도 아닌 담당자로 퇴직해서는 충분한 자금을 구하기가 난망하다. 현재의 생활을 영위하기에 충분할지는 모르나 노후 자금을 비축할 수 있는 정도는 아니다.

자식들이 다 학업을 마쳤고 배우자도 직업이 있으며 월급 많이 준다는 대기업에서 10년간 임원 생활을 한 필자도 앞으로의 노후가 걱정스럽다. 만약 필자가 50세 전에 부장 정도에서 직장 생활을 마쳤다면 앞으로 다가올 노후가 더욱 암담했을 것이다. 추측건대 60살이 넘은 이들 중에 노후가 전혀 걱정되지 않은 사람은 10퍼센트도 안 될 것이다. 따라서 젊은 시절 자신이 필요한 자금의 두 배는 벌어서 그 반은 저축해놔야 노후 걱정을 덜 수 있을 것이다.

이 글을 쓰기 위해 선배, 동료, 후배 임원들은 물론 부서장이나 과장으로 근무하는 많은 후배들을 만나보았다. 그중에는 고참 부장으로 임원이 되지 못하고 퇴직한 이들도 있었다. '이들은 과연 무슨 이유로 임원이 되지 못했을까?' 고민해보았다. 본인의 이야기도 들어보고 주변의 인물평도 들어보았다. 물론 참으로 아까운 인재도 없잖아 있었지만 대개는 임원으로 선임되기 힘든 요소들을 가지고 있었다.

어떤 기업에서는 신규 임원의 나이를 제한하기도 한다. 나이가 많으면 임원으로 선임되어 힘차게 일하기 어렵고 활용 기간이 짧을 수밖에 없기 때문이다. 임원으로 선임되지 못한 고참 부장 중에서는 임원으로 선임된 분들보다 나아 보이는 사람도 있었다. 그러나 조직이 임원을 선임할 때는 단지 개인의 자질만 보고 결정하지는 않는다. 주변 상황이나 경영 여건, 미래 경영에 미칠 영향도 감안한다. 아울러 구성원들의 비전이나 공감도 당연히 반영한다. 그래서 개인으로서는 안타까운 일이지만 조직으로서는 어쩔 수 없었겠다는 생각이 드는 경우도 있다.

또한 어느 해는 경영이 잘되고 전망이 밝아서 신임 임원을 대거 발탁하기도 하고, 반대로 경영 여건이 어렵거나 어려움이 예상되는 해에는 아무리 우수한 후보 자원이 많더라도 임원 선임이 제한적일 수밖에 없다. 또한 어느 해는 여성 우대라는 정책 때문에 후순위였던 여성 후보자가 우선 발탁되기도 한다.

이렇게 임원이 되려면 재주와 능력뿐만 아니라 운도 따라줘야 하는데, 신입 사원 시절에는 이러한 경향 정도만 파악하면 될 뿐 너무 먼 미래를 오래 생각할 필요는 없다. 지금 닥친 1년을 잘 보내는지가 미래를 결정한다고 생각하고 필자가 소개한 직장 생활 요령을 실천하면 자신의 꿈을 이루는 데 한발 더 다가갈 수 있다고 확신한다.

기업에 입사하는 신입 사원을 위한 책이 너무 부족한 가운데 신입 사원들이 조직에 정착해서 성공하는 데 조금이나마 도움이 되기를 기원하며 선배 된 도리로 이 책을 기술했다. 이 책에서 풀어낸 선배들의 경험과 교훈이 개인은 물론 기업에 활력을 불어넣고 조직력을 강화하는 데 도움이 되기를 바란다.

끝으로 이 글을 쓰는 데 도움을 준 많은 기업의 임원, 선후배들에게 감사하며 그분들의 뜻이나 생각이 저자의 졸필로 왜곡되어 전달되는 일이 없기를 소망한다.

한강의 겨울바람을 맞으며 삼각지에서

필운